全国老年大学统编教材

老年人太极拳教程

陈氏56式

高　崇　编著
杨天硕　摄影

人民邮电出版社
北京

图书在版编目（CIP）数据

老年人太极拳教程. 陈氏56式 / 高崇编著 ; 杨天硕摄. -- 北京 : 人民邮电出版社，2023.8
ISBN 978-7-115-61760-6

Ⅰ. ①老… Ⅱ. ①高… ②杨… Ⅲ. ①老年人一太极拳一教材 Ⅳ. ①G852.11

中国国家版本馆CIP数据核字(2023)第088763号

内 容 提 要

本书为全国老年大学统编教材，是专门为老年人设计的陈氏太极拳入门学习指导书，由太极拳世界冠军、国家级运动健将高崇教练指导及示范。本书首先介绍了陈氏太极拳的历史发展，接着采用真人展示、分步图解的形式，对陈氏太极拳的基础动作以及陈氏 56 式太极拳的练习方法和要点进行了细致讲解。此外，本书配有陈氏 56 式太极拳的演示视频，可以帮助老年人快速领悟陈氏太极拳的技法要领，提升锻炼效果。

◆ 编　　著　高　崇
　摄　　影　杨天硕
　责任编辑　林振英
　责任印制　彭志环
◆ 人民邮电出版社出版发行　　北京市丰台区成寿寺路 11 号
　邮编　100164　　电子邮件　315@ptpress.com.cn
　网址　https://www.ptpress.com.cn
　北京捷迅佳彩印刷有限公司印刷
◆ 开本：787×1092　1/16
　印张：7.25　　2023 年 8 月第 1 版
　字数：111 千字　　2023 年 8 月北京第 1 次印刷

定价：38.00 元

读者服务热线：(010) 81055296　印装质量热线：(010) 81055316
反盗版热线：(010) 81055315
广告经营许可证：京东市监广登字 20170147 号

全国老年大学统编教材
编委会

老年人体育活动指导系列图书
编委会

总序

由中国老年大学协会组织编写的全国老年大学通识课程教材即将面世，这是我国老年教育和老年大学发展史上一件具有开创性意义的举措。

我们国家的老年教育，在党和政府的高度重视以及社会各界的广泛参与下，适应了老龄社会发展和老年群体需求，一直保持着健康快速的发展态势，并逐步取得了令世人瞩目的巨大成就。党的十八大以来，习近平总书记多次发表重要讲话，指出人口老龄化事关国家发展全局和亿万百姓福祉。强调要坚持党委领导、政府主导、社会参与、全民行动相结合，推动老龄事业全面可持续发展。党中央、国务院陆续公布实施的《老年教育发展规划(2016—2020 年)》《老龄事业“十三五”规划》《加快推进教育现代化实施方案(2018—2022 年)》等重要文件，对做好老龄工作、发展老龄事业做出了新的重大部署，对老年教育发展制定了明确的规划，有力地推动了我国应对人口老龄化的全面工作。目前我国老年教育的发展和老年大学的工作，已经呈现出党政主导、社会参与、多方支持的大好局面。

中国老年大学协会作为国家民政部所属的社会组织，自 1988 年 12 月成立以来，认真贯彻落实党和政府关于老年教育的方针政策，充分发挥桥梁纽带和凝聚作用，广泛联系各地老年大学、老年学校，大力宣传“增长知识、丰富生活、陶冶情操、促进健康、服务社会”的老年大学办学宗旨，促进各地老年大学、老年学校在办学原则、培养目标、专业设置、课程安排、学校管理等一系列重大办学方向问题上统一思想，形成共识，对我国老年教育事业的巩固与提升，发挥了导向性的作用。特别是积极贯彻党的十八大、十九大精神，落实新时代老年教育规划目标任务，组织老年大学认真学习习近平新时代中国特色社会主义思想，探讨老年教育发展的新机制和新路径，开创老年教育发展的新格局，推动老年大学工作迈上了一个新台阶。协会自身发展也进入了一个新阶段。

建立并逐步完善科学、适用、可行的老年大学特色课程体系，设计、构建与社会发展大环境相匹配的具有老年大学特色的通识教材，是中国老年大学协会一直坚持的目标，也是众多老年大学、老年学校一致的企盼。首批五本通识教材——《树立和培育积极老龄观》《新时代老年大学校长读本》《老龄金融》《老年健康教育与管理》《老年人权益保障法律实务》——从选题立意到内容编排，都体现出创新意识和独特见解，令人耳目一新，为之一振。希望老年同志们从中汲取营养，幸福地度过晚年；希望中国老年大学协会再接再厉，为老年人做出应有的贡献！

顾秀莲

2020年8月

序

近年来，随着老年人口数量的不断增大，我国陆续发布了《“健康中国 2030”规划纲要》《关于促进养老托育服务健康发展的意见》《全民健身计划（2021-2025 年）》《“十四五”国家老龄事业发展和养老服务体系规划》《“十四五”健康老龄化规划》等政策文件，以引导和促进实现积极老龄观和健康老龄化。这些政策文件中指出了可通过指导老年人科学开展各类体育健身项目，将运动干预纳入老年人慢性病防控与康复方案，提供文化体育活动场所，组织开展文化体育活动等措施支持老年人参与体育健身，丰富老年人的精神文化生活，全面提升老年人的身心健康水平与生活品质。

与此同时，作为我国老年人教育事业的重要组成部分，老年体育教育承担着满足老年人的体育学习需求，丰富老年教育的内容和形式，以及不断探索老年教育模式的责任，可长远服务于积极应对人口老龄化、实现教育现代化和建设学习型社会。

在上述背景下，人民邮电出版社有限公司作为建社 70 周年的综合性出版大社，同时作为全国优秀出版社、全国文明单位，围绕“立足信息产业，面向现代社会，传播科学知识，服务科教兴国，为走中国特色新型工业化道路服务”的出版宗旨，基于在信息技术、摄影、艺术、运动与休闲等领域的领先出版资源、经验与地位，策划出版了“老年人体育活动指导系列图书”（以下简称本系列图书）。本系列图书是以指导老年人安全、有效地开展不同形式体育活动为目标的老年体育教育用书，并且由不同体育领域的资深专家、学者和教育工作者担任作者和编委会成员，确保了内容的专业性与科学性。与此同时，本系列图书内容覆盖广泛，其中包括群众基础广泛、适合个人习练或进行团体表演的传统武术与健身气功领域，具有悠久传承历史、能够极大丰富老年生活的棋牌益智领域，包含门球、乒乓球等项目在内的运动专项领域，旨在针对性改善慢性疼痛、慢病预防与控制、意外跌倒等老年人突出健康问题的运动功能改善训练领域，以及涵盖运动安全、运动营养等方面的运动健康科普领域。

本系列图书在内容设置和呈现形式上充分考虑了老年人的阅读和学习习惯，一方面严格按照循序渐进的原则进行内容讲解，另一方面通过大图大字的方式分步展示技术动作，同时附赠了扫码即可免费观看的在线演示视频，以帮助老年人降低学习难度、提高训练效果，以及为相关课程的开展提供更丰富的教学素材。此外，为了更好地适应和满足老年人日益丰富的文化需求，本系列图书将不断进行内容和形式上的扩充、调整和修订，并努力为广大老年读者提供更丰富、更多元的学习资源和服务。

最后，希望本系列图书能够为促进老年体育教育发展及健康老龄化进程贡献微薄之力。

在线视频访问说明

本书提供了陈氏 56 式太极拳的在线视频，您可通过微信“扫一扫”，扫描下方的二维码进行观看。

步骤 1

点击微信聊天界面右上角的“+”，弹出功能菜单（图 1）。

步骤 2

点击弹出的功能菜单上的“扫一扫”，进入该功能界面，扫描上方的二维码，扫描后可直接观看视频（图 2）。

图 1

图 2

目录

第一章　陈氏太极拳的基础知识

第二章　陈氏 56 式太极拳

第一章

陈氏太极拳的基础知识

历史发展

追寻陈氏太极拳的源头，最早可上溯至陈氏的先祖陈卜。最初，陈卜家族生活于泽州郡（今山西晋城），后来迁居洪洞县，陈卜则迁至今河南陈家沟，并世代居住于此。出于生存与安全的需要，陈卜带领村民练习武艺。陈氏于此地繁衍至第九代的时候，陈王廷出现。根据相关记载，陈氏太极拳是陈王廷始创的。

陈王廷（1600—1680）是陈氏迁于陈家沟后的第九代子孙，字奏庭。陈王廷在祖上传授武术的基础上，潜心研究，并结合其他武学、中医学、道家的阴阳学说及养生观念，创造出既能强身健体，又可抵御强敌的陈氏太极拳。陈氏太极拳经由村民的练习及传承，发扬光大。在陈家沟，几乎男女老幼，都会太极拳。“喝喝陈沟水，都会翘翘腿”“会不会，金刚大捣碓”等谚语充分说明了当地太极拳的流行盛况。

陈氏太极拳的产生，除了陈王廷的努力外，还有一些外来因素：一个是当时武艺高强的蒋发，另一个是明朝戚继光的拳法著作《纪效新书》之《拳经捷要篇》。

蒋发曾是一名山寨首领的部下，武艺高超。他早年认识陈王廷，后来遇难跑到陈家沟，拜陈王廷为师。陈王廷与他亦师亦友，经常切磋武功，这有助于太极拳的产生，以及招式的检验、完善。

戚继光的著作《纪效新书》之《拳经捷要篇》，成于戚继光抗倭时期。明嘉靖时期，倭寇时常进犯我国东南沿海地区。为了抵制倭寇，戚继光为戚家军创编出三十二势拳法。这套拳法十分精妙，且富于变化。陈王廷在这三十二势中，选取了二十九势用于陈氏太极拳。如今陈氏太极拳中的金鸡独立、揽扎衣和当头炮等招式，就来自戚继光的三十二势拳法。

基础动作

掩手肱捶

● 起势

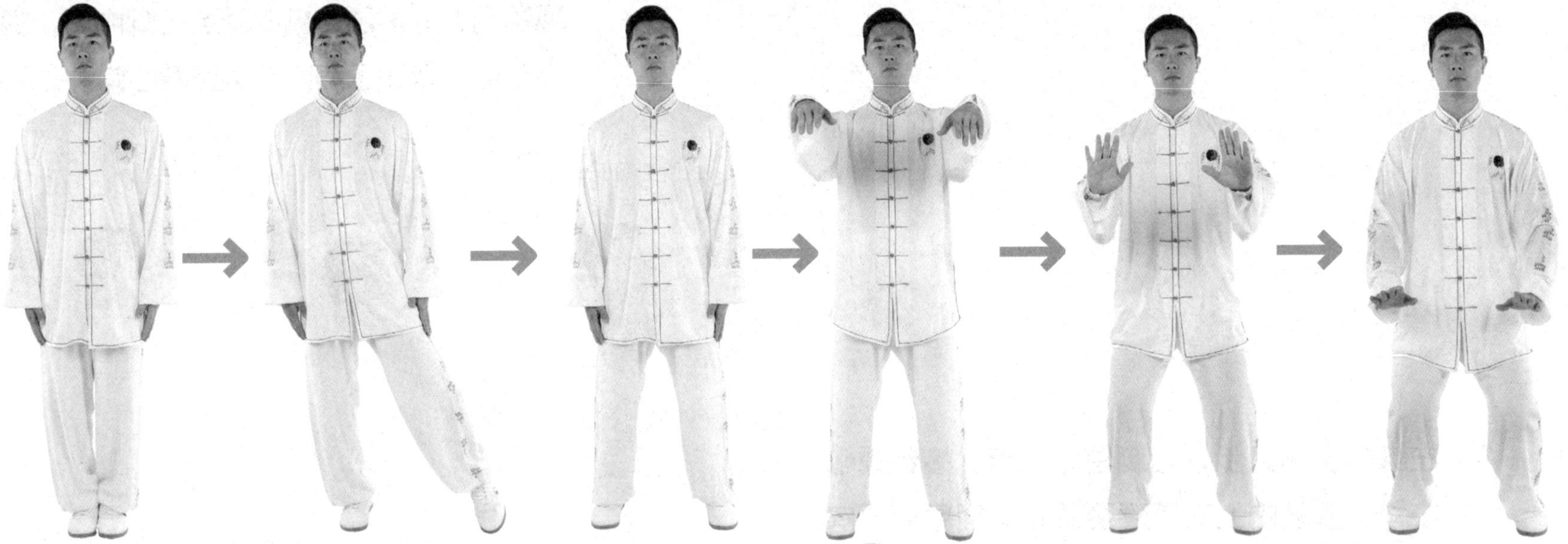

一 身体自然直立，双脚并拢；双臂自然下垂，双手放在大腿外侧；平视前方。之后左脚抬起向左侧迈大约一步距离，呈双脚开立姿势，双脚与肩同宽。

二 双臂慢慢向前平举，双手与肩同高、与肩同宽，掌心向下。上身保持正直，双腿屈膝下蹲；同时双掌轻轻下落，落至髋部，指尖向前，掌心向下，平视前方。

提膝收腿

三 上身右转，重心后移，右脚脚尖抬起后向右侧旋转，双臂分别向左右两侧撑开。接着重心前移，右脚踩实，双臂上举，双手翻掌向上。然后左脚收回至右脚内侧，脚尖着地，双手于肩前交叠且掌心向外。

擦脚合臂

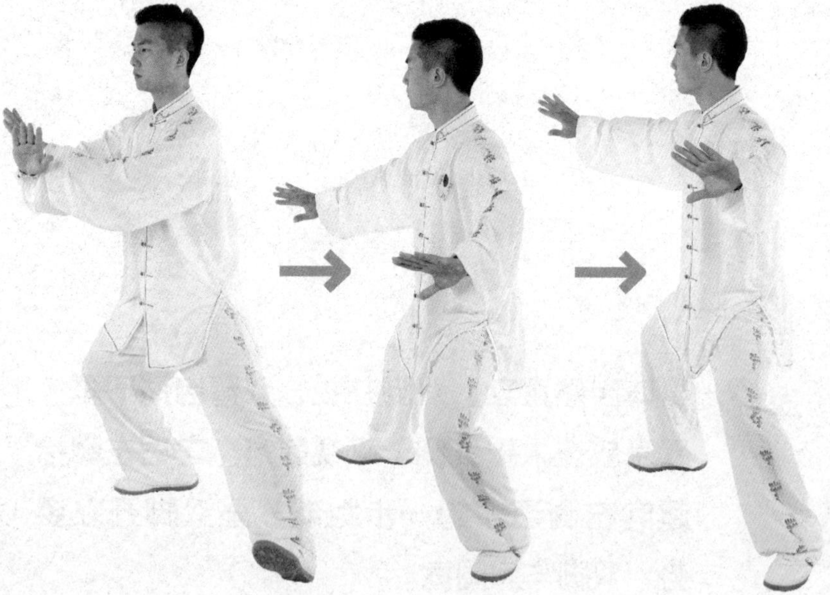

四 左脚向左侧跨步，右脚屈膝下蹲。接着重心左移，双掌由上向下落至腹部，而后分开向左右两侧拨。最后双脚略微伸膝，上身挺起，双掌上抬且掌心向外。

- 转身旋臂

五 左手翻掌收回，屈臂于胸前，掌心向上；右手翻掌变拳，屈臂收回，搭在左臂内侧，拳心向内。

- 弓步发拳

六 重心左移，整体变为左弓步姿势，同时右拳旋转向前方击出，拳心转向下，左掌收回，掌心贴于左腹部，目视前方。然后右拳变掌并沿弧线形路线向下、向左划，上身随之下压。最后上身挺起，重心后移，双臂外旋并向两边打开、上抬至约与肩齐高，双手掌心向上，眼睛看左掌。

- 提膝收腿

七 重心前移，右脚屈收，落于左脚内侧，脚尖着地，接着右脚跟擦地向右开步。双臂相交于胸前，左后右前，然后双掌下落于腹部前方，眼睛看向前方。

- 擦脚合臂

八 重心右移，双臂向两边打开并上抬至约与肩齐高。接着重心左移，右手翻掌向上并向左划至胸前，左臂屈肘收回至胸前且左手翻掌向内。

● 弓步发拳

九 上身微左转，左掌变拳并向上收回至右臂内侧上方，拳心向内。重心右移，呈右弓步；左拳旋转向前方击出，拳心向下，右掌后收，掌心贴于右腹部，眼睛看向前方。

● 收势

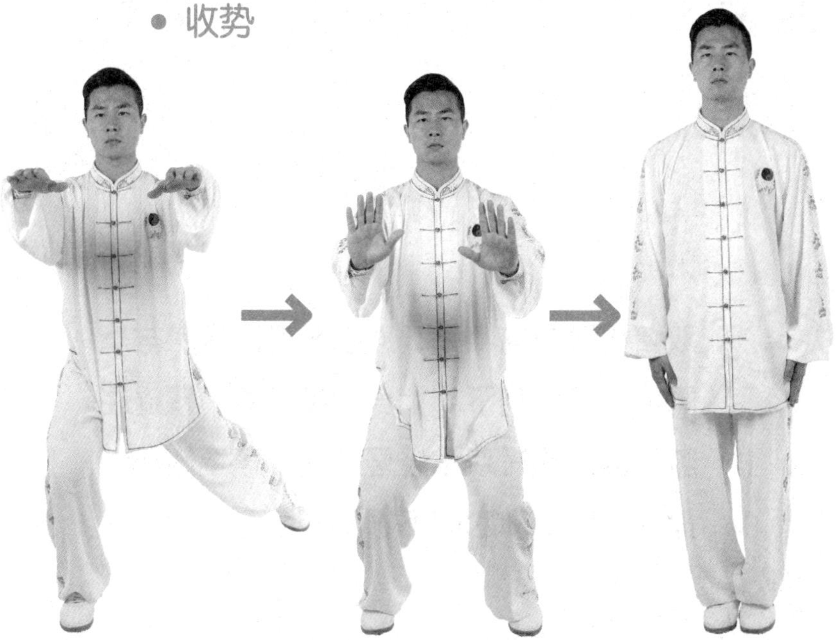

十 双臂慢慢屈平于胸前，与肩同宽，掌心向下，缓缓下落。左腿向前迈步，收至距右脚左侧一步处，双腿微蹲。双手落于大腿外侧，左脚轻轻提起与右脚并拢，全脚踏实，双腿伸直，恢复预备姿势。

左右云手

- 起势

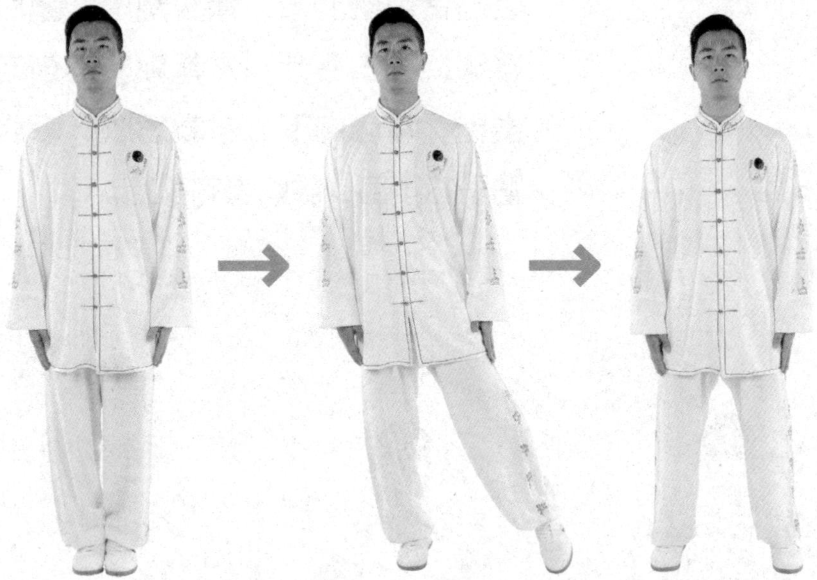

一 身体自然直立，双脚并拢；双臂自然下垂，双手放在大腿外侧；平视前方。之后左脚抬起向左侧迈大约一步距离，呈双脚开立姿势，双脚与肩同宽。

二 双臂慢慢向前平举，双手与肩同高、与肩同宽，掌心向下。上身保持正直，双腿屈膝下蹲；同时双掌轻轻下落，落至髋部，指尖向前，掌心向下，平视前方。

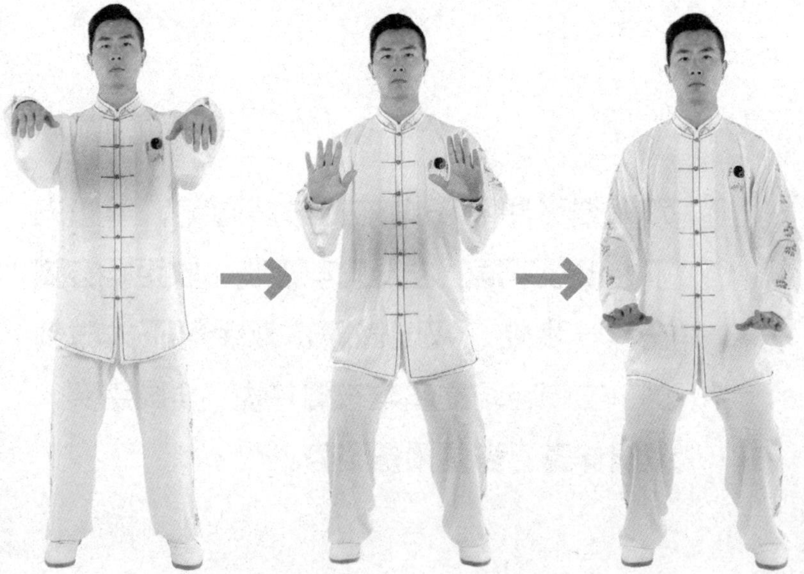

• 开步云手

三 左脚向左侧迈出一步，重心右移，右脚微屈；左臂微屈，左手翻掌沿弧线形路线经腹前向右上划至面部前侧，掌心向内；同时右手沿弧线形路线向上划至右肩前竖起，继而向下沿弧线形路线划至髋部右侧。

四 重心左移，右脚向左脚内侧收回，左手翻掌向外并经面部前方向左侧推，右手沿弧线形路线向左划至腹部前方，掌心向左。接着左手沿弧线形路线向下划，右手沿弧线形路线向上划至面部前侧，同时左脚上提，准备迈步。

• 并步云手

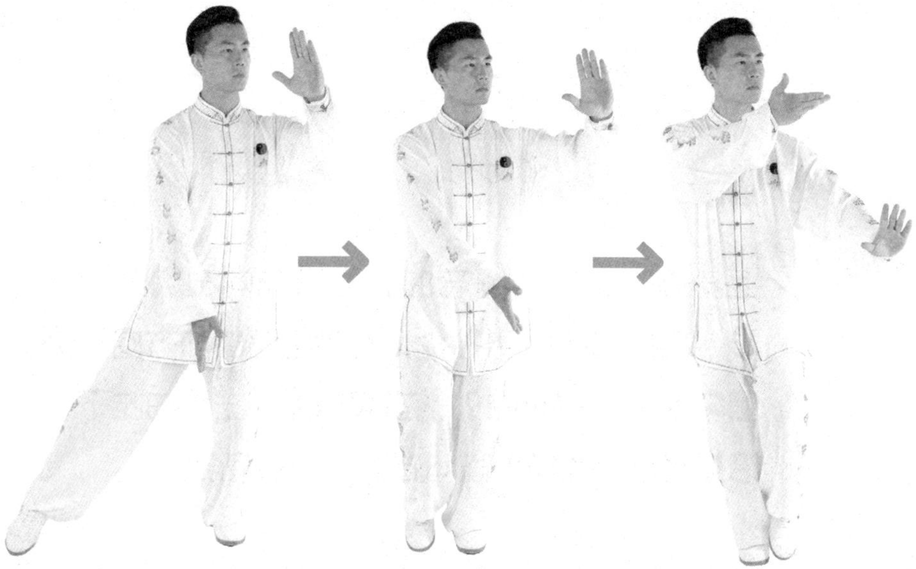

● 收势

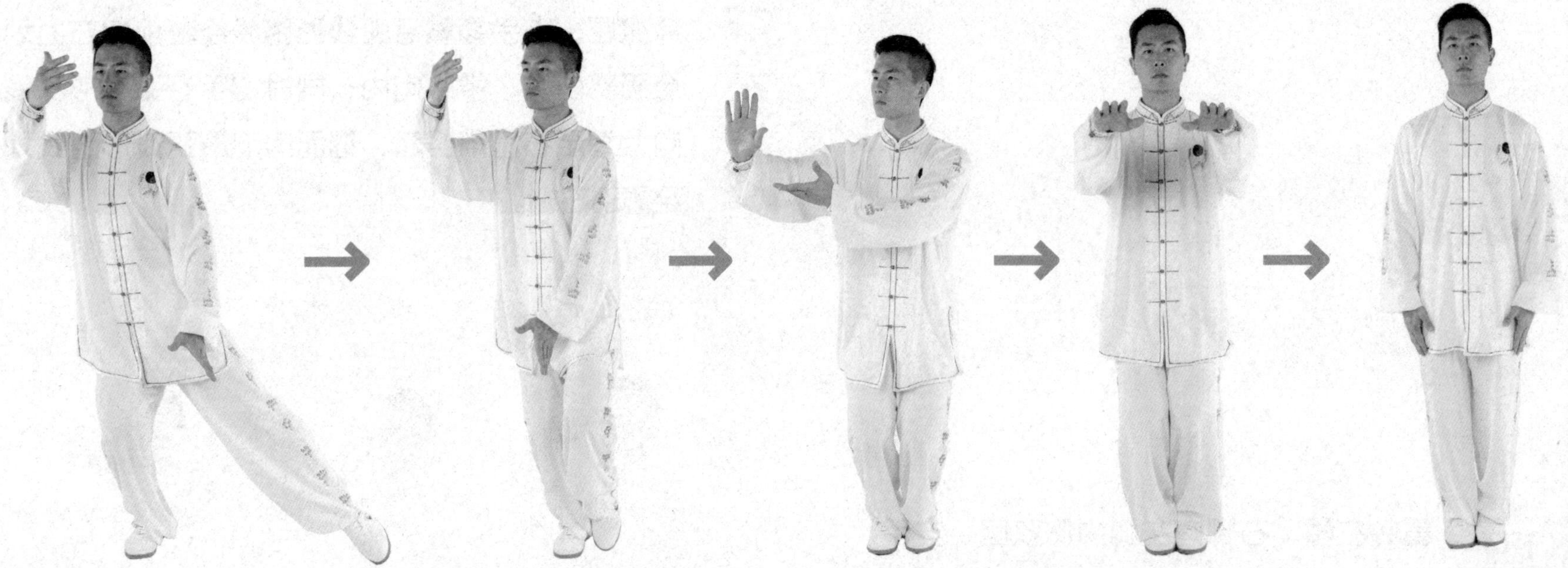

五 上身向右转，右腿弯曲，左脚先向左侧迈出一步，后向右脚内侧并拢；右手由面部前方向外侧翻掌前推，掌心向外，右臂微屈；左手由左下方沿弧线形路线经腹前向右上划至右肩前。

六 双臂慢慢屈平于胸前，与肩同宽，掌心向下，缓缓下落。双手落于大腿外侧，双腿伸直，恢复预备姿势，平视前方。

野马分鬃

- 起势

一 身体自然直立，双脚并拢；双臂自然下垂，双手放在大腿外侧；平视前方。之后左脚抬起向左侧迈大约一步距离，呈双脚开立姿势，双脚与肩同宽。

二 双臂慢慢向前平举，双手与肩同高、与肩同宽，掌心向下。上身保持正直，双腿屈膝下蹲；同时双掌轻轻下落，落至髋部，指尖向前，掌心向下，平视前方。

● 抱手收脚

● 转体上步

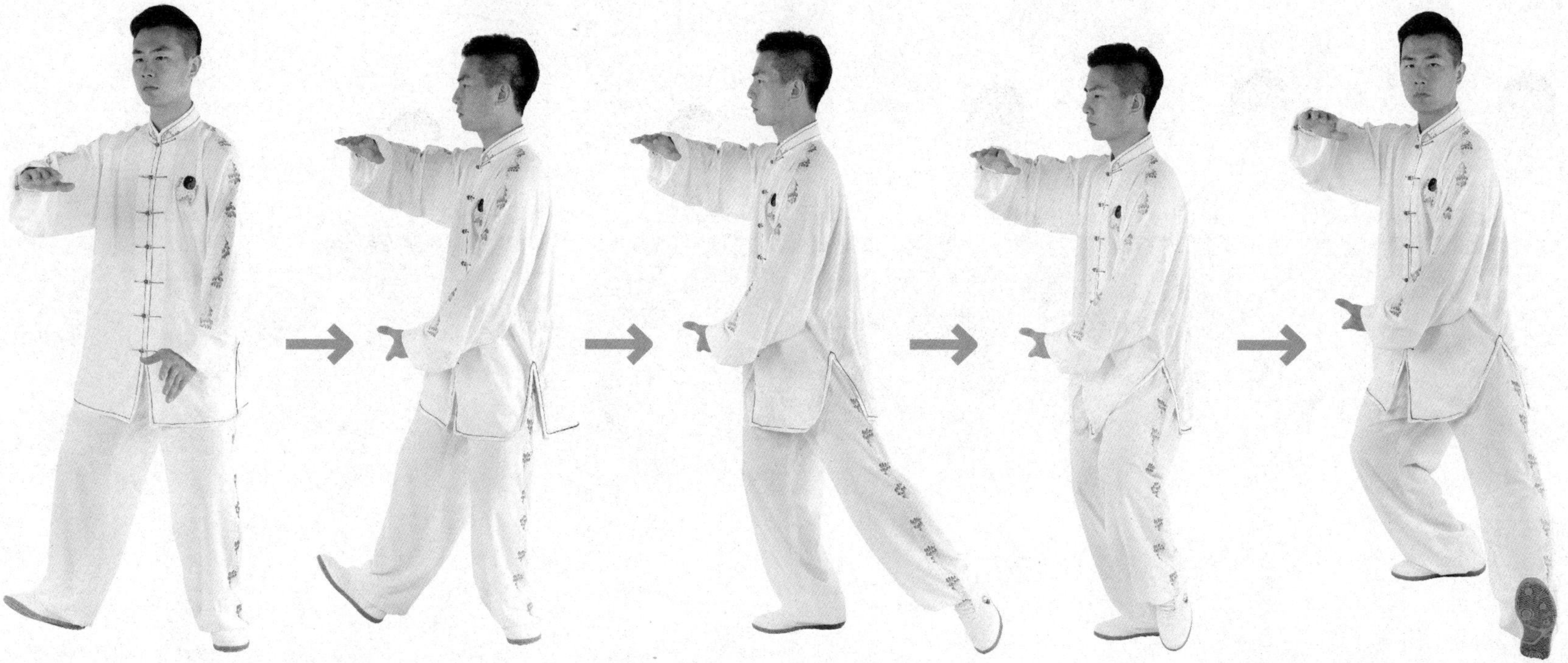

三 身体右转，重心移至左腿，右脚向右侧迈步，脚跟着地，右腿弯曲，重心移至右腿。右脚踩实，左脚随即收到右脚内侧，脚尖着地，眼看右手。同时右臂抬起，收至胸前平屈，掌心向下。左手翻掌沿弧线形路线经体前向右下划，放在右手下，掌心向上，双手掌心相对呈抱球状。身体做好向左转的准备。

四 身体向左转，左脚向左前方迈出。

● 弓步分手

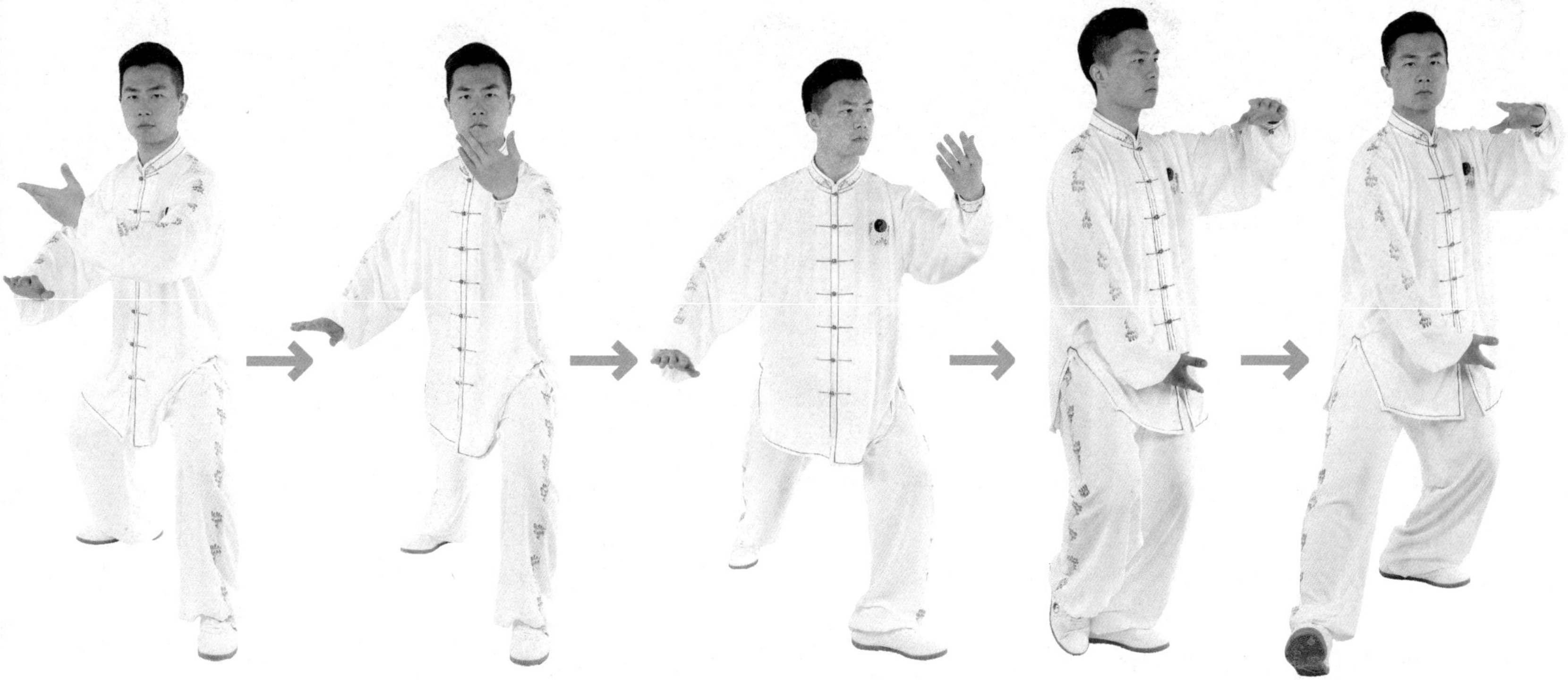

五 右脚后蹬，右腿自然伸直，呈左弓步。左右手随转体分别慢慢向左上、右下分开；左手约与肩齐高，肘微屈，掌心向上；右手落在右髋旁，肘微屈，掌心向下，指尖向前；眼睛看左手。

六 身体微向左前方转，右脚收向左脚内侧后迈向右前方，左腿弯曲，身体重心移至左腿。左手翻掌上抬至肩部前方，掌心向下；右手翻掌沿弧线形路线经体前向左下划，掌心向上；双手掌心相对呈抱球状。

• 收势

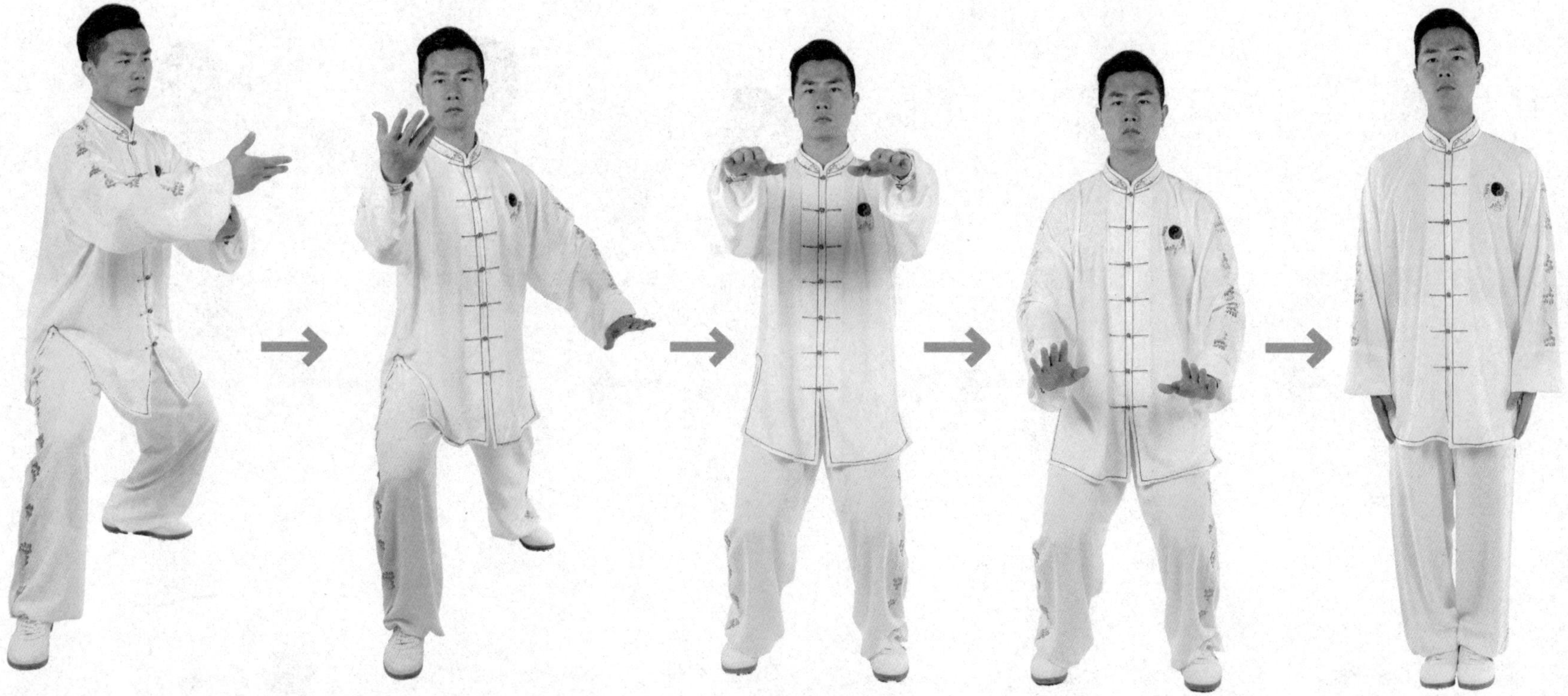

七 左脚后蹬，左腿自然伸直，呈右弓步。同时左右手随转体分别慢慢向右上、左下分开；右手约与肩齐高，肘微屈，掌心向上；左手落在左髋旁，肘微屈，掌心向下，指尖向前；眼睛看右手。

八 左脚前迈，双腿微蹲，双脚成开立姿势，双臂前伸与肩同宽，随后双掌下落于身体两侧。左脚轻轻提起，与右脚并拢，前脚掌先着地，随后全脚踏实，恢复预备姿势，平视前方。

第二章

陈氏 56 式太极拳

第一式 起势

一 保持身体直立，双脚并拢，双臂自然放在身体两侧。然后左脚向左侧迈，落地（先前脚掌着地，后全脚踏实）。

二 上身向左前方微转，双臂伸直上抬，速度要慢，保持掌心朝下。双肘弯曲，双手提至胸前位置，然后手掌右翻。

三 双掌向着右前方划，接着双肘弯曲，左掌下翻。

四 保持腿部微屈姿势，保持双肘弯曲，朝内侧收回，接着右掌上翻。

五 向左稍稍转体，保持双肘弯曲，双掌从右向左推出，掌心朝向左前方。

第二式 右金刚捣碓

一 接上式。双臂向左前方推出，掌心朝外。保持双肘弯曲，双掌拨向右边，同时下身为开步姿势，微微下蹲。转体的同时右脚向右侧迈步，脚跟着地。

二 双掌推至右侧，身体右转。上身向前倾，掌心朝前，双臂伸展。右腿在前，左腿在后，右腿稍稍弯曲，脚掌踩实，左腿蹬直，脚尖点地。

三 左脚左迈一步并伸直，脚跟着地，右膝保持弯曲。左脚踩实，双掌同时沿弧线形路线向下划。

四 由右弓步变为左弓步，向左转移重心，双掌向右、向下划且掌心方向不同，左掌掌心朝下，右掌掌心朝外。左掌向左前推去， 左臂逐渐伸展，掌心朝下，右掌保持原来姿势。

五 身体回正，重心前倾，右脚向前迈，呈右虚步姿势，然后右掌沿弧线形路线从后向前划，右肘由直变微屈，掌心朝上，左掌则划向右臂内侧。

六 右手握拳下落，左手轻抚右臂内侧，下身保持原姿势不变。右肘弯曲，右拳向上抬至面部前方，左掌则向下划至腹部位置，掌心朝上，接着提右腿。

七 右拳下落，同时右腿下落，左掌姿势不变。右拳向左掌心砸去，拳眼朝上，然后右脚落地，双腿开立微蹲。

第三式 揽扎衣

一 接上式。右手为拳，左手为掌，同时沿弧线形路线向左前方上划。右拳在上划时变为掌，轻落于左臂内侧，左掌沿弧线形路线向右上方划。下身姿势不变。

二 左掌划至右胸前靠右位置，右掌举至左上臂内侧，双臂交叉。左掌向下按压，右掌先向外翻，后沿弧线形路线向右前方上划。左掌向内旋，右掌向外旋，同时下身姿势不变。

三 双臂继续旋转，然后左臂向左上方旋，一直到左臂彻底展开；右臂向右下方旋，一直到右臂完全打开。左膝保持微屈状态，右脚脚尖着地。

四 双臂向内合，同时右脚先在左腿内侧上提，再向右迈一大步。

五 双臂在胸前位置交叉，左内右外，双手掌心的朝向不同，左掌朝右，右掌朝上。右脚踏实地面，变为左弓步，上身朝前，双臂在胸前位置交叉。

六 上身转向左前方，同时右腿微屈，做好准备推掌。上身向右转，右臂沿弧线形路线，从胸前位置向右前方划，同时左掌下落。

七 左臂向下划至腹部前方位置，右手沿弧线形路线，向右前方划，下身重心随上身动作转移。

八 上身稍稍向右转，右肘弯曲，右掌变为立掌，左掌则位于腹部前方，此时下身为右弓步姿势。

第四式 右六封四闭

一

接上式。左掌托于腹前由内向外翻，右掌由上向下翻，重心左移。接着左掌向上翻，并放在腹部前方位置，右手掌心朝内，双腿呈右弓步。然后身体重心左移呈左弓步，右臂由右侧下落并沿弧线形路线向左前方划，左掌随右臂旋转，落于右臂内侧。

二

双臂上举至胸前位置，此时右掌心朝内，左手翻掌并轻抚右臂内侧。整体变为右弓步姿势，右掌向外翻，双臂从左侧划向右侧，掌心朝外。双掌下压，按至右腿上方，掌心朝下，身体重心逐渐向左移。

三

重心左移，双掌上提，沿弧线形路线向正前方划。双臂移至肩前，左臂屈肘勾手。左勾手变掌向上翻，双臂向左右两边打开。

四

双臂屈肘收回，双掌由外向内翻，下身姿势不变。双掌保持掌心相对，然后向下按至肩前位置，身体则向右前方转。左脚收至距右脚一步处，脚尖着地， 呈左虚步，右腿微屈，双掌由胸前向右下方推，掌心朝外。

第五式 左单鞭

一

接上式。左掌向上抬至胸前位置，掌心朝下，右掌向腹部位置收回再向上翻，双掌相对，下身保持左虚步姿势。左掌上翻，右掌下翻，双掌位置互换，下身姿势不变。右臂上抬并伸直，右手变勾手，朝右前方，左掌向腹部位置收回。左腿抬起，向右腿靠近，然后做出想向前迈的姿势，脚尖朝下，上身姿势不变。

二

左脚向左迈一大步，呈左弓步，左掌跟随身体向左平移。接着上身朝前，左掌向腹部前方位置收回，整体变为右弓步姿势后，左掌向右上方划至右臂内侧，右手一直为勾手。最后重心左移，左掌沿弧线形路线，向左侧划至左臂伸直，掌心朝向左侧。

第六式 搬拦捶

一 接上式。右勾手变掌，沿弧线形路线向左下方划，身体重心随之微微左移。

二 右掌移至胸前，掌心朝左。双掌向左下方按压，准备由下向右旋转。身体重心右移，呈右弓步，双掌沿弧线形路线划向右肋前方，然后由掌变拳。做好向左转体的准备，重心随身体转移。

三 身体快速转向左侧，双拳向左侧移动。左拳下翻，右拳上翻，双拳同时向左下方按压。双腿屈膝下压，左脚脚尖朝左前方，右脚脚尖朝右前方。

四 双拳微微上提至左肋前方，双腿保持屈膝并回正，眼睛看向拳头。身体快速向右转，双拳向右侧移动，右拳拳心朝上，左拳拳心朝下。

第七式 护心捶

一 接上式。右拳下翻，身体下压，重心右移。

二 左拳向下运动至右腿左侧，右拳向下运动至右腿右侧，左腿屈膝向下。然后右脚撑地，左腿上提，屈膝，脚尖朝下，同时左臂内旋提肘。接着身体向左转，右脚蹬地跃起（图中未展示）。

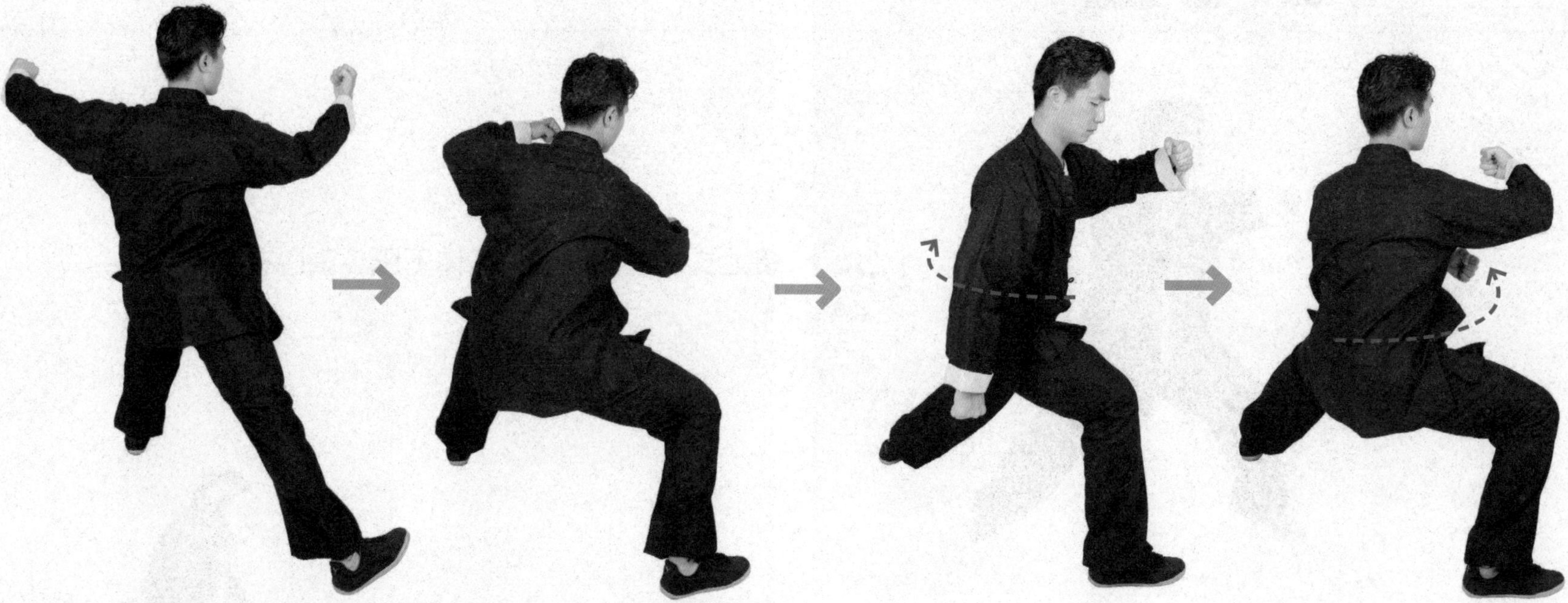

三 左腿、右腿一先一后在左前方落下，重心在左腿，左膝微微弯曲。身体向右转，同时左拳从额前位置先外旋， 再沿弧线形路线，经左侧腰部位置划向左前方，最终与肩齐高；右拳则同样沿弧线形路线外旋，划向右前方，最终与肩齐高。右臂保持肘部弯曲，向内侧划至腹部前方，左拳则划至左侧肩部位置。

四 上身右转，右拳从右膝前方划向右腿后方位置，左拳则从胸前打向身体右前方，与肩齐高。上身左转，右拳内旋向上，右肘弯曲。右拳向胸前横摆，经过左拳上方后向前击出。

第八式 白鹤亮翅

一 接上式。双拳变掌，上下相对，身体重心左移。向右转体，左脚踩实，右脚脚跟着地， 脚心朝外。双手掌心相对。右脚踩地，左脚上提并向右脚靠拢，准备向左前方跨步。

二 上身向右转，右掌微微内旋，并置于左肩前方，掌心朝下；左掌则向外、向下划至腹部右前方，掌心朝上。同时左腿前迈变为仆步。左手翻掌，右掌向下贴在左臂上方，同时身体下压，重心前移。

三 上身向左转，重心随之移动，整体呈左弓步。右腿上提向左迈至距左脚一步处，脚尖点地，左臂上举，横挡于面部前方，右掌抚于左臂内侧。

四 右掌沿弧线形路线经腹前向右下方划，同时身体微微右转，双腿屈膝下蹲。

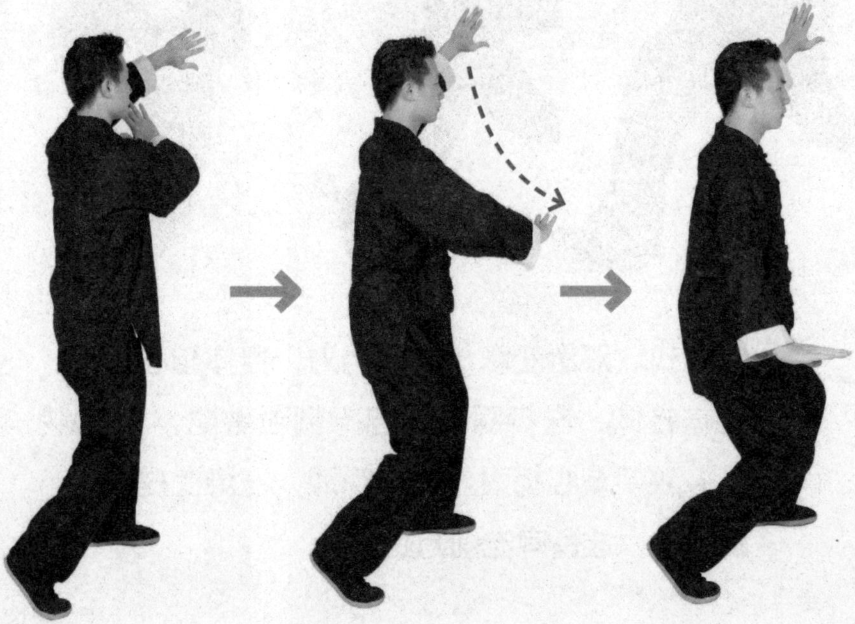

第九式 斜行拗步

一

接上式。左手翻掌上举，向右转体，双掌随之转动。右脚屈膝向上提起，左腿伸直，右手翻掌向上，举至身体右前方，左掌翻掌下压至身体左肋位置。双臂旋转，左臂向外，右臂向内，右脚下落至距左脚一步处。

二

左掌向上翻，托掌，右掌则向下、向内按压至腹部位置。左脚向左前方迈一步，脚跟着地。身体微微向右转，左掌推至肩前，竖掌，手指朝上，右掌向外、向下按压。上身向右转，右掌向上翻并上抬至与肩齐高，左掌沿弧线形路线经面部前方向右肩划，双腿呈右弓步。

三 右掌向上划，托掌，左掌则向下、向内按压至腹部位置。右脚向右、向前迈一步，脚跟先着地，之后全脚踏实。左掌下压至身前低于髋部的位置，右掌提至右耳旁，双掌继续划弧。身体重心左移，呈左弓步。上身向左转，左掌沿弧线形路线向左、向下划。

四 左掌向前、向上抬起，直至左臂伸直且与地面平行，变掌为勾手，右掌则按压至胸前位置，掌心朝外。右掌沿弧线形路线向右划，左手勾手姿势不变。上身随右手动作向右转，下身姿势不变。右掌沿弧线形路线向右划至正前方。身体下压，右掌竖起，手指向上。

第十式 提收

一

接上式。下身姿势不变，左勾手变掌，双臂上抬收回至头部前方且双掌掌心向外。双掌分别沿弧线形路线向左、右两侧外旋划至腹部前方位置，双腿下蹲。双手翻掌，屈臂，双掌靠近腹部。

二

上身挺起，左腿收回至距离右脚一步处，然后双腿屈曲下蹲。身体向右转，双臂随之转动，左脚踮起，脚尖着地，准备上抬。左脚与双掌同时抬起，左腿屈膝，脚尖朝下。身体微向左转，双手一起翻掌，双臂前伸，手指朝向身体左前方，左腿提膝上抬，脚尖朝下。

第十一式 前趟

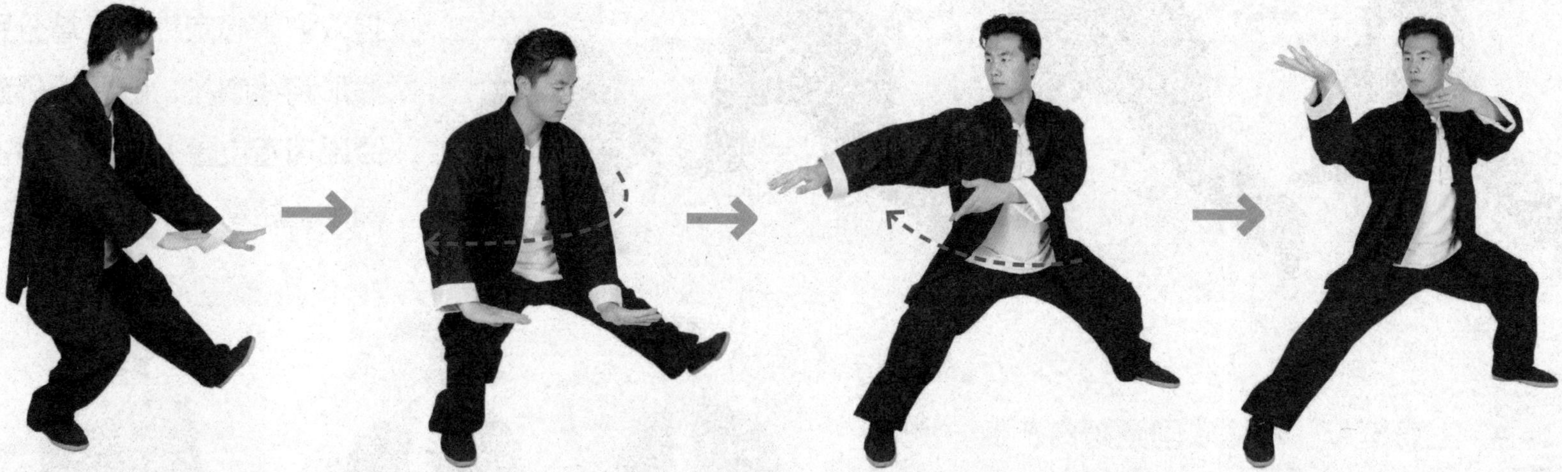

一 接上式。左腿向前落下，脚跟着地，右腿屈膝，双掌同时下压至腹部前方。

二 身体向右转，双臂沿弧线形路线向右划，重心随之转移。双掌一边沿弧线形路线划，一边翻转。

三 重心左移，双掌沿弧线形路线，从胸前向上划。经过胸前时，左掌心朝向身体，右掌心朝上。

四 身体向左转，双掌划至胸前，左掌托住右腕。右腿向左腿靠近，右脚尖着地。

五 右脚向右前方迈，脚跟着地，左掌向下翻，右掌向上翻，在胸前相交。身体重心右移，呈右弓步，右掌下翻，此时双手掌心都朝外。

六 双掌分别向左、向右沿弧线形路线划，外旋至与肩齐高，身体下压。

第十二式 左掩手肱捶

一 接上式。重心移至右侧，右掌向前呈探出之势。

二 屈膝提起右脚，脚尖朝下，左腿微屈撑地，右掌一边翻，一边变为拳，与左掌一起向内收于胸前，左掌放在右臂上方。右脚向下落地并震脚，然后抬起左腿前伸后落地，脚跟先着地，随后全脚踏实，右臂向前、向下伸直。

三 身体重心左移，呈左弓步，右拳变掌，双臂向外打开并抬至约与肩齐高。

四 重心落在右侧，双手翻掌，内旋，接着右掌变为拳，拳心朝前，左掌立起，掌心朝前。

五 双腿呈马步，双肘屈曲，双手移至胸前，左手翻掌，掌心朝向身体，右拳收回，做出拳准备，同时身体重心准备左移。

六 重心转移至左腿，上身向左转，右拳翻转向前方打出至右臂伸直且与肩齐高，左掌向左肋位置收回。

第十三式 披身捶

一 接上式。左掌变为拳，向前打出，右拳翻转并收至右肋位置，拳眼朝外。

二 身体重心向右移，右拳向后摆。左拳收至左肋位置，右拳向右前方击出至右臂伸直，整体上呈右弓步姿势。

第十四式 背折靠

一 接上式。右拳向上翻转，左拳先向下再向上翻转，至双拳的拳心都朝上，身体重心前移。接着身体重心后移，整体上呈左弓步姿势，同时上身向左侧转至面向正前方，左拳向左髋位置收。然后上身继续向左侧转，右拳随之转向左侧，左拳保持不变。

二 右肘屈曲，右拳向上立起，左拳保持不变。身体微微向右转，右肘向右上方抬至与肩部齐高，拳心向下，左拳保持不变。右肘继续向上抬至头部右侧，拳心朝斜下方，然后左拳后翻，左肘朝前，双腿屈膝下压。

第十五式 青龙出水

一 接上式。上身抬起并向左转，下身姿势不变。身体重心左移，右拳上抬，左拳击出。

二 左拳沿弧线形路线向后、向上抬起，拳心朝右，右拳沿弧线形路线向前、向下按压，与左拳相对，双腿呈左弓步。左拳朝内向面部方向收，右拳则向右髋位置收，左膝屈曲。左臂向下、向右划，右拳背于腰后，上身向右转并向前倾，身体重心向右、向前移。

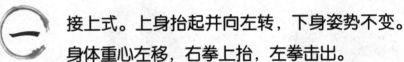

三 右脚蹬地，变为右弓步姿势，右拳向前伸出，左拳收至腰侧。右拳向上抬起，一直到肩部高度，左肩向前移。左拳一边内旋，一边变为掌，向前、向右移，拇指和食指伸直，其余三指弯曲；右肘屈曲，右拳收回至左胸。

四 左掌翻转后收，右拳前移，下身重心随出拳转移。向左转体，变为左偏马步姿势，同时右拳快速向右膝前的位置内旋打去，拳眼斜朝内；左掌则以一样的速度快速收回至左髋位置，掌心朝内。

第十六式 斩手

一 接上式。右腿准备向左脚内侧收，右拳变掌，准备向前划，左掌则轻抵左侧腰部位置。右脚撤至左脚内侧，注意脚尖着地，然后右掌准备向上翻。

二 身体右转，右脚向前跨一步，脚跟着地，右掌则向上翻并抬至高于肩部，手指朝上，左掌则向上翻，置于左肋位置。右脚踏实，身体向前移动，将重心放至右脚，双掌微向外打开并向下落。

三 左脚上提，左掌向左上方抬起，举过头顶，掌心朝内，右掌则下落至腰部右侧。身体向右侧转，左脚下落贴于右脚，双腿下蹲，同时左掌沿弧线形路线向右、向下划至髋部前方，手指朝前。

第十七式 翻花舞袖

一 接上式。双掌向左上方抬起。

二 双掌下落至约与左肋齐高，双腿屈膝半蹲。双掌上翻，右腿抬起，右膝屈曲，然后左脚踩地，上跳，同时身体借由上跳之力右转180度。

三 左脚先落地，右脚后落地，双膝微屈，将重心放在右脚。左掌向上竖起，右掌放平。

第十八式 海底翻花

一 接上式。左腿屈膝后撤至距离右脚一步的位置，且脚尖着地，然后左掌向右后方撤，右掌向左掌上方撤，同时双掌变拳，最终右拳悬在左腕上方。

二 左肘屈曲上抬至左手位于胸前，右臂则向后撤，同时伸直，最终右拳位于右髋侧。

三 左膝上提，脚尖朝下，左拳向外翻并向下落至左髋位置，左臂伸直，拳心朝上，右拳向右上方举起，拳心朝内。

第十九式 右掩手肱捶

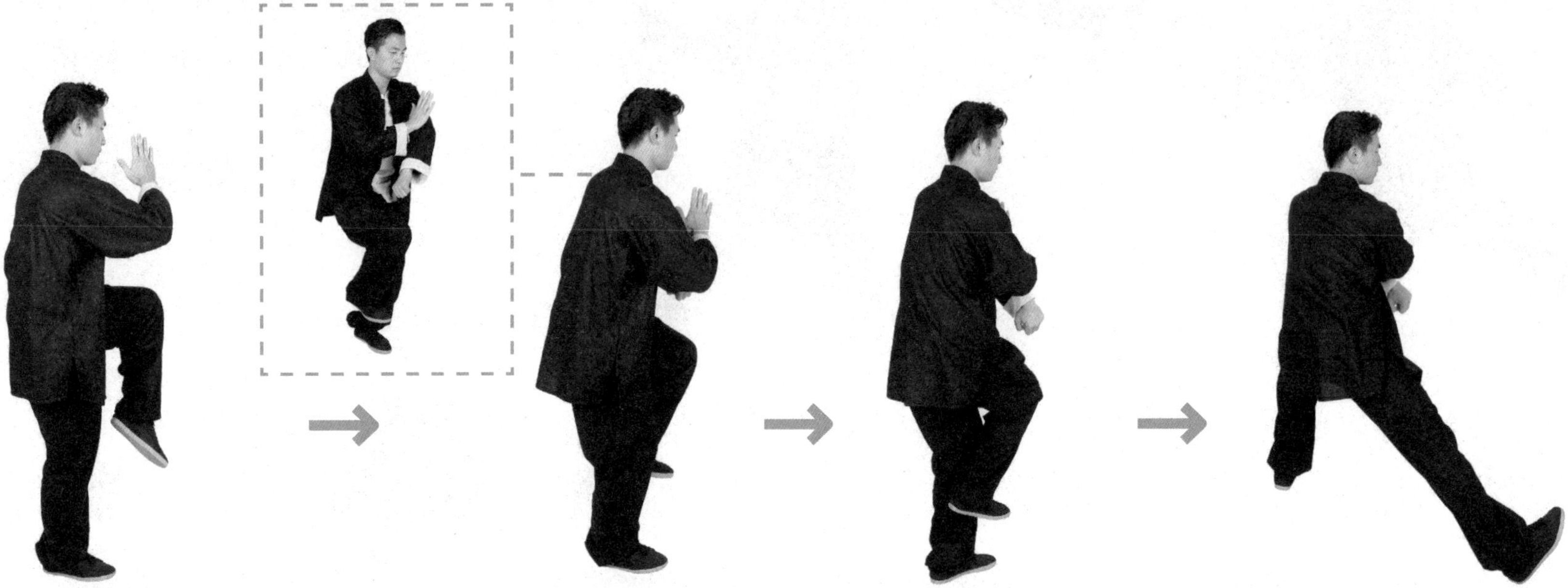

一 接上式。右拳变为右掌，下落至胸前，左肘屈曲，左拳向下翻并向右移动。

二 右肘保持屈曲，右掌悬于左臂上，左拳则移动至腹部前方，左脚下落。左脚落地时迅速上抬右腿，上身维持原姿势。

三 右脚抬起后，向右后方跨出一大步，左腿则屈膝下蹲。

四 身体重心右移，变为右弓步，双臂向左右两侧打开并上抬，左拳拳心与右掌掌心均朝后。身体重心左移，呈左弓步。双臂向上内旋至胸前，伸直，左拳拳心与右掌掌心均朝下。

五 身体重心稍稍向右移动，右肘屈曲，左拳向胸部位置收回，右掌沿弧线形路线内收至右肩位置。右掌向右肋位置迅速收回，掌心贴于肋部。随转体，左拳后拉，然后快速向前打出，且与肩齐高。

第二十式 左六封四闭

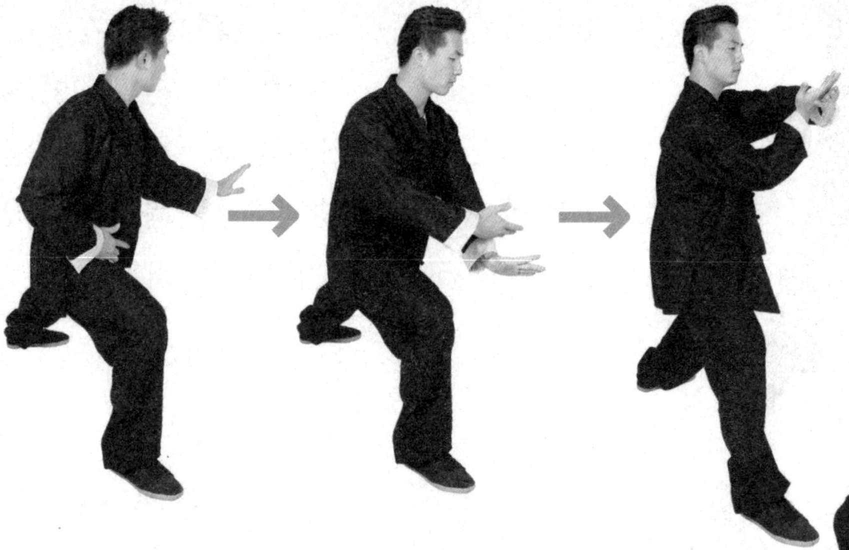

一

接上式。右掌轻抚肋部，左拳变掌，沿弧线形路线向下、向右划至腹部右侧时，右掌则向上抬至左手上方，双手手背相对。双手手背相抚沿弧线形路线向左上方划，身体重心随双臂运动转移。

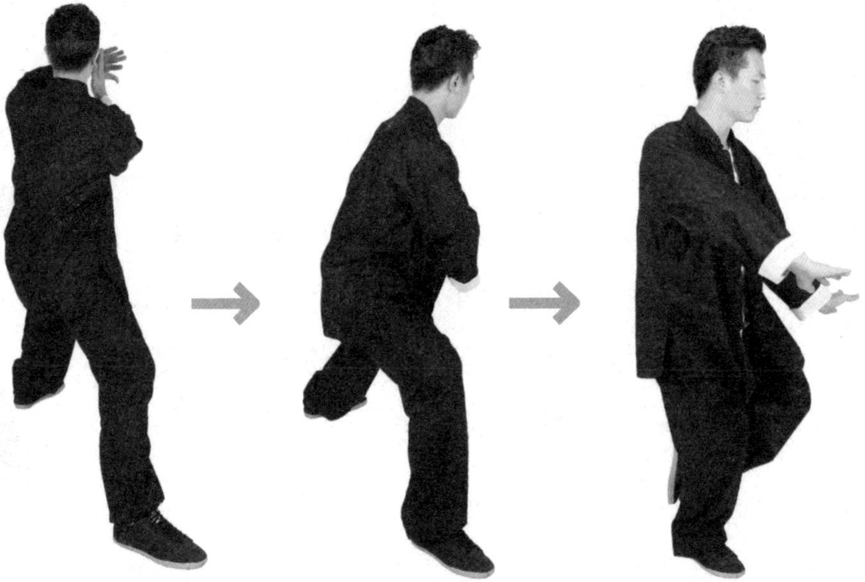

二

双掌划至身体左上方，上身随双臂运动左转。双掌分开（左前右后）并同时下划至腹部前方，身体重心随之右移。左脚靠向右脚，脚尖朝下，准备前迈，然后向右转体，双掌右划。

三 左脚朝右前方跨一步，脚尖着地，左臂伸展，左掌上翻，停于腹部前方，右掌上抬并向右后方收。左臂屈曲，左掌上抬至与肩齐高，掌心朝上，右掌向后移动。向右转体，右臂屈曲，右掌上抬至与肩齐高，双脚脚跟同时转向。视线跟随右手，右膝屈曲，左脚尖着地。

四 调整双腿为左弓步姿势，双掌内旋，经由胸前向前下方推，右腿向前收至右脚距离左脚一步处，脚尖着地，双膝同时屈曲。双掌向前推至身体前下方，双臂屈曲，双掌虎口相对，下身姿势不变。

第二十一式 右单鞭

一 接上式。右臂屈肘上抬，左臂屈肘向下，左掌向上翻掌，双掌最终于身体前方呈抱球状。接着右掌向前推后向下收，左掌上移的同时下翻，双掌呈抱球状。

二 右掌向后收于腹部前方，左掌则上举变为勾手。左臂上举伸直，左勾手朝下， 身体随左勾手方向前移。提右脚，准备向右后方迈步，双眼准备望向右后方，上身姿势保持不变。

三 右脚向右后方迈步，双眼望向右后方，整体上呈右弓步姿势，上身姿势保持不变。接着，身体重心左移，右掌向前、向上移动，至肩部高度并翻掌朝右。

四 下身呈右弓步，右掌外旋并沿弧线形路线向右侧划，左臂姿势不变。右掌立掌，微微下抚，沉肩坠肘，身体下压。

第二十二式 右云手

一 接上式。左勾手变掌，接着划向右侧，手指朝左。右脚上提靠近左脚至距左脚一步处，脚尖着地，双膝微屈，左掌向右移动，拇指与其余四指分开朝左，右手翻掌朝前。右脚向右后方迈一步，脚跟着地，左膝微屈，右腿伸直，双掌做好向左推掌的准备。

二 右脚踏实，呈左弓步姿势，双掌向身体左侧推掌，手指朝右上方。双掌边划向身体右侧边翻转，身体重心也随之向右转移。双腿呈右弓步，左掌沿弧线形路线下划，右掌则向前翻掌，移至颈前。接着左脚提起，移向右后方，脚掌着地，左掌随之沿弧线形路线左划至腹部右前方，掌心朝右。

三

右脚向右后方迈步，右腿伸直，左膝微屈，变为左弓步姿势，上身微微向左转，同时左掌沿弧线形路线向身体左侧上划至略比肩高，手指朝右上方，右掌则沿弧线形路线向腹部左前方下划，手指朝前。身体呈右弓步姿势， 慢慢向右转体，右掌随之内旋，掌心向下，同时左掌外旋，掌心向上。双臂屈肘沿弧线形路线经胸前向右平摆，下身姿势不变。

四

左肘屈曲，左手掌心向上；右肘屈曲，右掌悬于左前臂上方。接着右臂向前、向上伸出，掌心朝上，左手翻掌向下。身体上挺，提右膝，脚尖朝下，左腿伸直，左掌向左前方击出，右掌则向右肋位置收回。

第二十三式 左云手

一 接上式。右脚向左脚靠近落下，右掌向前移动。左掌向下压，右掌则上抬至肩前，左脚提起，脚尖朝下。

二 左脚向左跨出一步，重心右移，右掌右翻，双掌都向右推掌，左下右上，手指都朝左。身体稍稍向左转，左膝微屈，右脚移至左后方，前脚掌着地。同时左掌内旋，沿弧线形路线，经左前方向胸部位置划，右掌下翻，沿弧线形路线向腹部左侧划，手指朝前。

三 左脚向左后方迈步，左膝伸直，右膝屈曲。身体稍稍向右转，右掌从胸前位置向外、向右沿弧线形路线划至身体右上方，左掌向下、向右沿弧线形路线划至身体右下方。左掌收回至胸前，右掌则沿弧线形路线向右下方划，直至右臂伸直，手指朝右下方，身体重心左移。

四 身体稍稍向左转，左掌向左翻，下身姿势保持不变。身体重心回正，左掌向左推至左臂伸直，手指朝上。

第二十四式 高探马

一 接上式。双掌移至胸前，左掌搭在右腕上，右掌心朝上，右脚靠近左脚内侧，上提。右脚向右侧跨一大步，右腿伸直，左膝微屈，变为左弓步姿势。

二 上身稍稍向左转，双掌向胸前收，右掌在外，掌心朝左下方，左掌在内，掌心朝右下方。上身转向正前方，同时双手内旋，掌心朝外，指尖相对。

三 双臂向两侧打开，双肘微屈。双掌竖起，手指朝上，微微下蹲。身体向右转，双掌上翻，然后右掌摆向右后方，手指微朝上，双眼看向右掌。

四 身体向左转，左脚靠向右脚，双臂收回。左掌向左肋位置收回，右掌向前推出，直至右臂伸直，竖掌，双眼看向右掌。

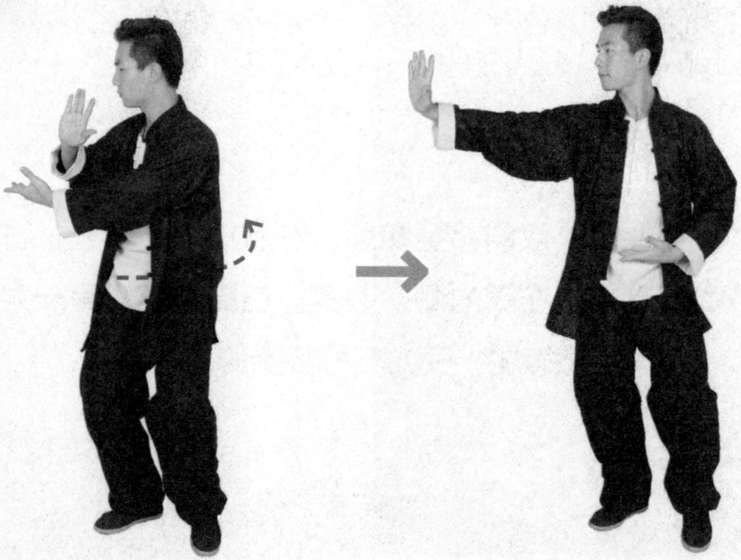

第二十五式 右连珠炮

一 接上式。上身微微右转，右手下翻，掌心朝内。左臂内翻，掌心朝内。双掌上翻，双腿半蹲。身体向左转，右掌沿弧线形路线向左下方划，手指朝左前方，左臂屈曲，左掌上抬至胸前。

二 身体右转，右掌外翻并与左掌一起沿弧线形路线向右上方划至头部前方。身体向右转，左脚左迈，脚尖着地，双臂向右伸出，右臂伸直，左掌搭在右前臂内侧，掌心朝右。身体后坐， 双腿下蹲，双掌下压，双手手指朝右上方，置于腹部前方。

三

上身稍稍向左转，重心左移，呈左弓步，双掌沿弧线形路线向左上方划。双臂屈曲，双掌划至身体正前方高于肩部的位置，右脚提起准备迈步。双掌划至左上方，掌心相对，右脚向右侧迈步，脚跟着地。身体重心向右转移，右掌向胸前收回，左掌向腹部位置收回，左手掌心朝下，右手掌心朝左下方。

四

身体重心继续向右转移，上身向右转，双手翻掌向右，左掌贴放于身体左侧，右掌横挡在胸前。左脚向右脚位置靠近，双膝微屈，双掌右推，左掌变为竖掌，右掌为横掌，掌心均朝前。左脚向左侧迈步，双掌沿弧线形路线向右后方划，掌心均朝右下方。

五 身体重心向左转移，双掌随之移至右侧，同时左掌变拳，拳心朝内，右掌心朝外。右脚抬起，准备向右侧迈步，重心位于左腿，双掌上抬至身体正前方高于肩部的位置，同时左拳变掌，掌心朝内，指尖朝下，右掌心朝上，指尖朝右。右脚向右侧迈步，变为左弓步姿势，双臂向左摆，双掌向左翻，掌心均朝左，左掌在前，右掌在后。

六 重心向右移，双膝屈曲，双掌下压至腹部左侧，掌心均朝下。整体调整为右弓步姿势，双掌在胸前向右翻，掌心均朝下，左掌位于左肋前方，右掌横放在胸前。左脚靠向右脚，双腿下蹲，双臂伸直向右侧推掌，左掌为竖掌，指尖朝上，右掌为横掌，指尖朝左。

第二十六式 左连珠炮

一 接上式。双臂由右侧向左下方摆，身体重心随之向左转移。右脚后跨，脚尖着地，双掌沿弧线形路线划至身体左上方且掌心朝前，右臂屈曲。

二 身体向右后方转，双腿分开伸直，双臂向左摆至身体左上方，左臂伸直，右臂屈曲。双臂下摆至腹前，双手掌心朝下，右腿微屈，左腿伸直。

三 双臂上摆至身体前方高于肩部的位置，左掌上翻，右掌收回，掌心朝内，左脚尖着地。重心右移，左脚左跨，脚跟着地，双臂右摆，左掌竖起。

四 身体重心左移，呈左弓步，双掌收于身体右侧，左掌贴于胸前，右掌贴于右肋。

五 右脚向左脚靠近，双掌向左推，手臂伸直，双掌掌心都朝左，左手指尖朝前，右手指尖朝上。右脚向右侧跨步，右腿伸直，呈左弓步，双掌下摆至左下方。

六 整体调整为右弓步姿势，双掌后收，左掌上翻，右掌收至胸前，掌心朝内。双臂上摆至身体前方高于肩部的位置，右掌心朝内，左脚尖着地。重心右移， 左脚向左跨，脚跟着地， 双臂向右摆，左掌竖起。

七 身体重心左移，双掌收于身体右侧。右脚向左脚内侧迈步，双掌向左推至双臂伸直，左手指尖朝前，右手指尖朝上，双掌掌心均朝左。

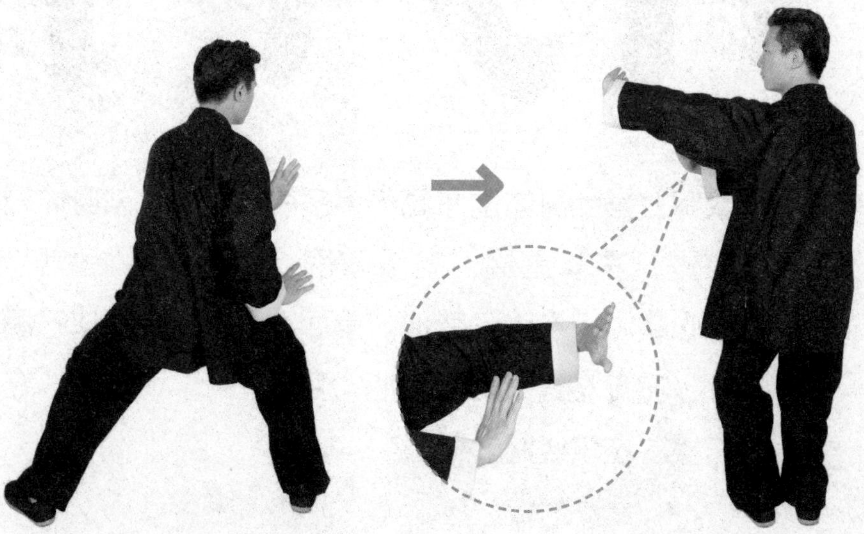

第二十七式 闪通臂

一 接上式。双膝微屈，左掌向上翻。右掌下压，收至右肋位置。左脚向左侧跨步，脚跟着地。

二 左脚踏实，重心左移，左掌下翻，右掌上翻。重心移至左腿，呈左弓步，左掌后收至左腿上方，右掌前伸。

三

右掌向前翻并朝右横举，变为横掌，左掌上翻。双掌同时沿弧线形路线朝右侧划。双掌继续向右划，以左脚为中心，身体向右后方转约180度。

四

右脚后撤，脚尖着地，同时双臂朝右侧沿弧线形路线划，掌心均朝右。双膝微屈，身体重心位于右腿，同时身体回正，左掌划至身体左侧并在左臂伸直后竖掌，右掌划至右腿上方，双眼看向左掌。

第二十八式 指裆捶

一 接上式。左掌上翻，右臂下压。左掌沿弧线形路线向右肩前方划并变为竖掌，掌心朝右，右掌则变为拳，右臂伸直，双腿下蹲。右脚提起，身体直立，右臂横挡在面部前方，左手指尖轻抚右上臂内侧。

二 身体稍稍向左转，右脚下落至左脚内侧，双膝微屈，双腿半蹲，双肘屈曲，前臂相叠。随即右拳向下击出至右臂伸直，左掌在上，右拳在下，左掌为竖掌，掌根轻抚右上臂内侧。左腿上提，身体下蹲，左脚跟着地，铲向身体左前方。

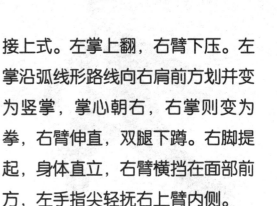

三 身体重心左移，左腿屈曲，右腿伸直，呈左弓步，双臂向两侧打开，左掌至身体左前方，右拳至身体右前方。整体调整为右弓步姿势，左掌上抬，与肩齐高，掌心朝上，右拳上抬至胸前，拳心朝内。

四 右膝微屈，左掌和右拳均收回。身体重心左移，右拳打向右前下方，拳心朝下，左掌向左肋位置收回。

第二十九式 白猿献果

一 接上式。左掌变拳，抵于左肋处，左肘朝左前方，右拳沿弧线形路线向上划。整体调整为右弓步姿势，右拳接着沿弧线形路线向右上方划，左拳翻出。

二 右膝完全屈曲，左腿伸直，右拳继而沿弧线形路线向右腿右部划，约与右膝齐高，拳眼朝上。重心左移，整体调整为左弓步姿势，右拳从右下方向左撩，左拳保持位置不变。身体继续向左转，右膝上提，左腿撑地，右拳沿弧线形路线，向前、向上划至右肩前方。右肘屈曲，右拳略比肩高，拳眼朝右。

第三十式 双推掌

一 接上式。左腿微屈，右脚向右前方迈步至右腿伸直，脚跟着地，双拳变掌。身体稍稍向左转，双臂向两侧打开。

二 整体调整为右弓步姿势，双臂屈曲内合，双手掌心相对。身体向右转，左脚前迈至距离右脚一步的位置，双膝微屈，双腿开立，双掌向前翻并向前推。

第三十一式 中盘

一

接上式。上身稍稍向左转，双膝微屈，左掌向后收回，手指朝右上方，右掌上翻，手指朝前。上身稍稍向右转，右掌向后收回，手指朝左上方，左掌向前推出。左掌上翻后收，右掌下翻并移动至左臂上方。

二

上身稍稍向左转，右掌水平向前推，左掌向胸前收回，然后右掌上翻，右臂稍稍屈曲，左掌下翻，同时轻抚右臂内侧。上身稍稍向右转，左掌为横掌向前推，右掌向胸前收回。左掌向后收回，双臂在胸前交叉，左掌在前，右掌在后，左掌心朝右，右掌心朝上。

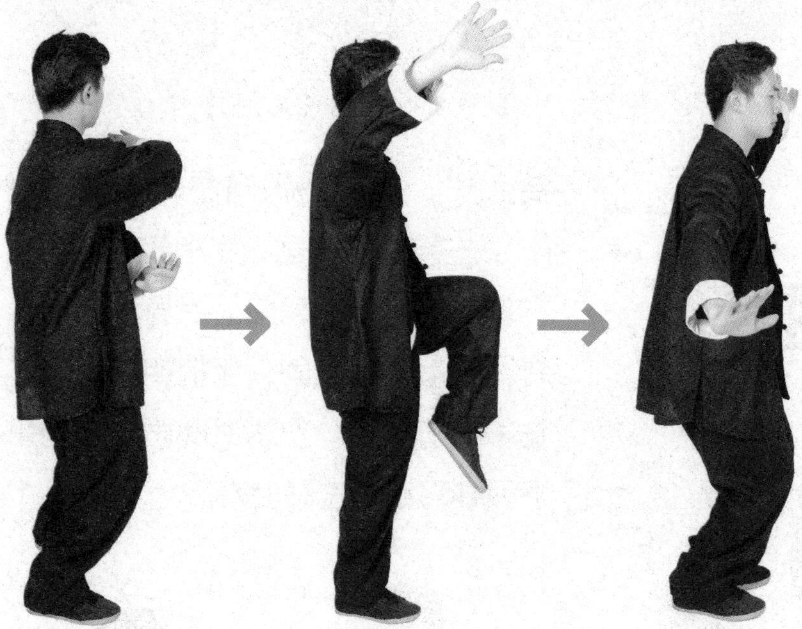

三 左掌横掌向下按压，并向腹部前方收回，指尖朝右，右掌下翻上抬至胸前，指尖朝左。左膝上提，右腿撑地，双掌分别向相反的方向后摆，左掌摆向左下方，右掌摆向右上方。左脚靠近右脚下落，右掌沿弧线形路线向右下方划，左掌则向左上方抬。

四 右脚向右跨出一步，重心左移，双臂内合，于胸前位置交叉，左腕搭于右臂上方，左掌心朝右，右掌心朝上。上身稍稍向左转，重心下压且左移，双臂先随之向左下方移动，再向右上方摆。最后上身稍稍向右转，右臂向右上方甩，左手轻抚右臂内侧。

第三十二式 前招

一 接上式。右掌向上举起，左掌下压。右手翻掌，掌心朝上。整体调整为左弓步姿势，右掌向左上方摆。上身稍稍向左转，右掌随之继续向左上方摆。

二 身体重心向右移，右臂屈曲，右掌为横掌向后收回，掌心朝外。左脚上抬，向左前方跨，右掌后摆。左脚尖着地，左膝屈曲，右掌摆向右上方，左掌摆向左下方， 掌心均朝前。

第三十三式 后招

一 接上式。身体向后坐，左脚跟着地，左手沿弧线形路线向右上方划，右手则向右下方划。

二 上身稍稍向右转，重心左移，左掌沿弧线形路线，经胸前向上、向左内旋，右掌则从胸前划向右下方。

三 向左转体，右脚上抬，向左脚内侧靠近，脚尖着地，双臂随之转动，左掌向前翻并移至额头左前方，掌心朝外，右掌向下划。右脚前迈，变为右虚步。右掌沿弧线形路线向右膝上方划，手指朝下。

第三十四式 右野马分鬃

一 接上式。身体重心右移，呈右弓步，右手沿弧线形路线向左上方划，经过胸前时内旋，左手则向左腿位置内旋、下划。上身向右转，左手沿弧线形路线，外旋划向右上方，在胸前位置变为内旋；右手则沿弧线形路线，外旋并划向右膝前方。

二 上身稍稍向左转，提右膝至与腹部齐高，脚尖朝下，左掌下划至肩部左侧，右掌向上托掌至膝部前上方，悬臂，掌心朝上。右脚向右迈，脚跟着地，上身姿势保持不变。上身向右脚方向移动，整体调整为右弓步姿势。左臂稍稍外摆，手指朝右，掌心朝外；右掌划向右上方，直至指尖与鼻部齐高。

第三十五式 左野马分鬃

一 接上式。上身稍稍向左转，将身体重心移至左脚，变为左偏马步，双臂向左侧摆，掌心均朝左前方。

二 上身向右移动，身体重心也随之转移，变为右偏马步，双掌向右摆。提左膝至腹部高度，脚尖朝下，同时右掌内旋，沿弧线形路线划向身体右侧，手指朝左上方，左掌则外旋，划向左膝前方。

三 左脚着地，身体重心也随之移至左腿，变为左弓步，右臂外展，左掌划向左上方，直至指尖与鼻部齐高。

第三十六式 摆莲跌叉

一 接上式。左掌向上举起，右臂伸直，右掌沿弧线形路线，向左侧划，贴向左掌下方。身体右转至呈右弓步，双掌摆至右侧，右手掌心朝前，左手指尖搭在右臂上。

二 双臂向右下方摆，双手掌心朝下。身体重心逐渐左移，上身稍稍向左转，双臂向左、向下摆。整体调整为左弓步姿势，上身向左转，双臂接着向左摆，右手掌心朝上，左手掌心朝下。双臂继续向左上方摆，掌心均朝前。

三 左脚抬起，收至右脚内侧，双臂上摆，掌心朝右。上身右转，双臂右摆，双手掌心朝前，手指朝右上方，右膝提至与腰部齐高，脚尖朝下。右腿向右摆，双掌向左推，掌心向前。

四 身体向左转，右脚下落至左脚内侧，双掌变为拳，左拳位于胸前，右肘搭在左腕上，右拳拳心朝上。左脚前迈，脚跟着地，屈右膝，左拳上翻并屈左臂。右拳下翻并举至头顶上方偏右的位置。左脚前迈，右膝着地，双腿贴地，左脚向前铲，左拳随之向前伸，拳心朝上，右拳举至右后方。

第三十七式 左右金鸡独立

一 接上式。右脚内侧和左脚跟撑地，提左膝，起身。双拳变为掌，左掌心朝下，右臂向右后方下摆。

二 右膝提至与腰部齐高，同时左掌下压至左肋高度，保持肘部屈曲，右掌上托至右额前方。右掌上翻，上举至头顶上方偏右的位置，指尖朝后。右脚朝距左脚一步的位置放下，右掌向右肋位置下压。

三 身体重心向左移， 双臂向右、向下摆，指尖随之朝下，掌心朝后。双掌一起前翻，手指均朝右，提起右脚。向右侧迈步，屈左膝，调整为左弓步姿势，身体稍稍向左转，双掌向左下方摆。

四 左腿伸直，右腿屈曲，调整为右弓步姿势，双掌向右摆。身体稍稍向右转，左膝抬至腹部高度，脚尖朝下，左手翻掌，左臂屈曲，托掌于面部左前方，右掌向下划至右臀位置。左臂向上伸直，左掌上翻举至头顶上方偏左的位置，指尖朝后。

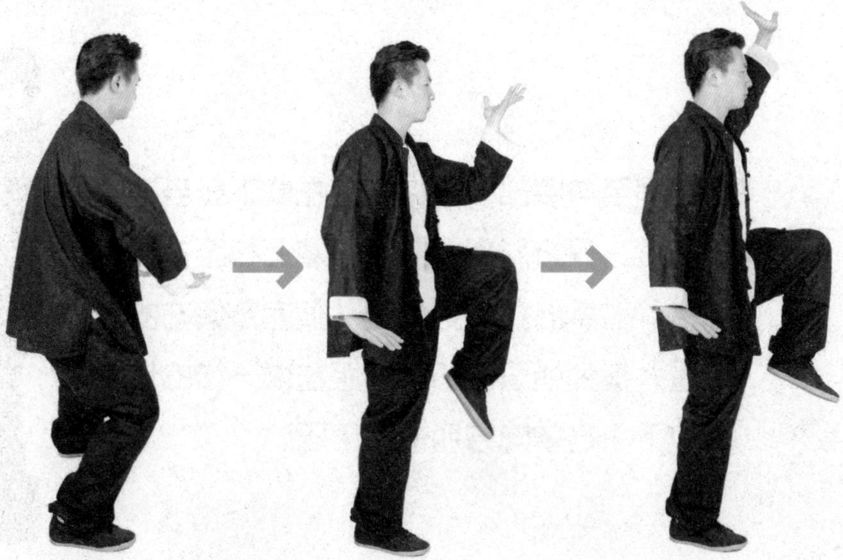

第三十八式 倒卷肱

一 接上式。左脚向左后方下落，双腿屈膝下蹲，左掌下压至左肋位置，右掌变横掌并上举至胸部前方。右掌向前推出，并稍稍向右摆臂。

二 左臂伸展上抬至约与肩齐高，接着双掌向上翻。向左转体，右腿前迈一步，蹬右腿，屈左膝，双臂随身体转动。身体向右转，右脚向左后方迈一步，屈右膝，重心后移，左手翻掌向前推，右掌下翻，向后收于右腿上方。

三 上身稍稍向右转，双臂在身体两侧伸直且与肩齐高。双手同时翻掌，掌心均朝上。

四 身体向右转，左腿前迈一步并伸直，右腿屈曲，双臂随身体转动。身体向左转，左脚向右后方迈步。右肘屈曲，右掌从右耳一侧向前推，掌心朝前，左掌下翻，向后收于左肋位置。

第三十九式 退步压肘

一

接上式。右手翻掌，右臂收回。上身向左转，重心随之移动，变为左弓步姿势，左臂向身体左前方伸，手掌与胸部齐高，右掌内旋于右胸前方。向右转体，身体重心随之右移，然后双臂水平向右摆。

二

右肘屈曲，内收于胸前，掌心朝下，左臂同样内收于胸前，掌心朝上，双臂相叠且右臂在上，左臂在下。身体向右转，同时左脚向右脚的后方迈一步，双臂随之转动。身体继续向右转，右脚向右后方迈步，双腿屈膝下蹲，左掌变横掌并迅速向左前方击出，右掌后收于右肋位置。

第四十式 擦脚

一

接上式。整体调整为右弓步姿势，同时左掌向下按压，再沿弧线形路线向右髋前方捋去。身体重心左移，呈左弓步，左掌变横掌并向左上方摆，右掌向右下方摆。

二

右脚向左前方迈步，左臂屈曲内旋，向胸前横劈，右臂同样屈曲，与左臂在胸前相交。双膝屈曲，下蹲，左脚脚尖着地，身体重心转移至右腿。立身站起，双手分别沿弧线形路线向两侧划，右腿蹬地发力，左脚向前、向上踢，绷脚，双腿伸直。右臂向右侧打开并抬至高于肩部，掌心朝外，左掌在左脚踢出的时候，击打脚面。

第四十一式 蹬一根

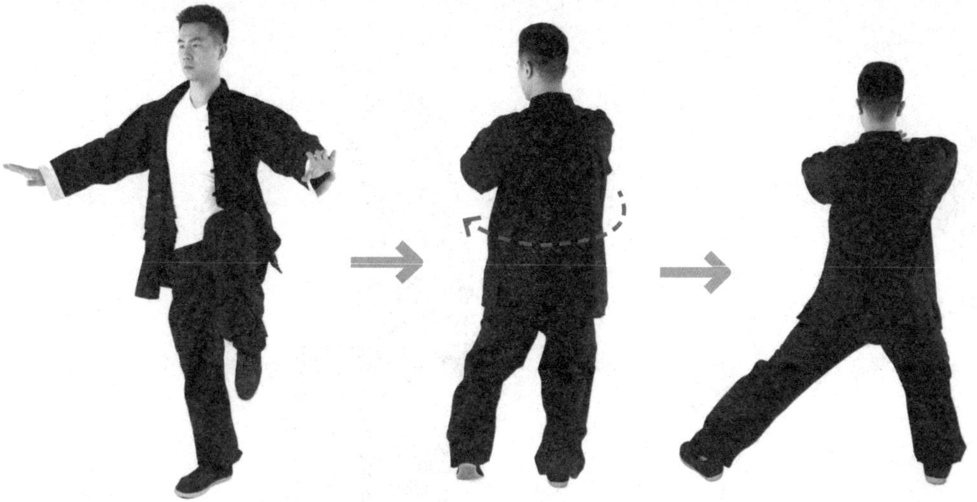

一

接上式。左腿下放，屈膝，脚尖朝下，双掌下划。向右转体，左脚下放，脚尖挨地，双臂屈肘收向胸前。继续向右转体，右腿向右屈膝，左腿向左打开，双臂屈肘上抬。

二

双掌同时向外旋，沿弧线形路线向下、向外划，右腿向左侧收回。双掌沿弧线形路线向上、向内划，双腕在胸部前方交叠，左腕在上，右腕在下。双掌变拳，拳心向内，同时左腿支撑身体，右脚上提，脚尖朝下。右脚向右踢，右腿伸直且约与地面平行，脚尖朝前。同时左臂向左上方展开，左拳变勾手，右臂向右下方展开，右拳变勾手。

第四十二式 海底翻花

一 接上式。左腿蹬直，右腿上提收回，大腿约与地面平行，脚尖朝下。双拳于腹部左前方交叠，右腕搭于左腕上，拳心朝内。

二 身体向右转，左臂伸直上摆至左拳位于头部左上方，右臂伸直下摆至右拳位于右髋右侧。

第四十三式 击地捶

一 接上式。左拳向前划，右拳向下按，右腿向前迈，脚跟着地，左拳向下落。右脚踩实地面，身体前倾，重心位于右腿，左脚脚尖着地，左拳收至左肋位置，右拳向前上方击出至右臂伸直。左脚向前迈步，向上跃起，右脚抬起，右臂屈肘，右拳收回，左拳后摆。

二 右脚脚跟着地，向右前蹬出，左拳沿弧线形路线，从左后方向左肩前方划至高于肩部的位置，右拳则向下划。重心移向右腿，右脚踩实，呈右弓步，向右转体，双臂随之内旋，右拳上举至右耳旁，左拳向前、向下打出并最终与腹部齐高。

第四十四式 翻身二起脚

一 接上式。调整身体重心，变为左弓步姿势，左拳后撤至左耳旁，右拳向右下方打出至右臂伸直。

二 身体向左转，左脚转向左侧，绷直，重心在后，右膝屈曲，左拳摆至左髋旁，右拳摆至右上方，双臂微屈。身体重心位于左腿，左腿蹬直，右脚脚尖着地，左臂向后摆，右拳向内翻。右脚向前迈步，脚跟着地，左臂向前、向上摆，右臂向后、向下摆。

三 右脚踩实地面，身体重心位于右腿，上身前倾，左脚脚尖着地，左拳变掌，朝腹部前方下压，右拳变掌，朝头部右侧上摆。右腿蹬直，向上提左膝。

四 右脚用力蹬地，使身体腾空，左脚向前、向上踢后在空中快速回落，换右脚向前、向上踢至约与肩齐高，右掌拍击右脚脚面。左掌沿弧线形路线向上、向左划至与肩齐高。

五 身体向下落，左脚先着地，站稳后右脚准备下落。右腿下落至右膝与腰部齐高，右脚下垂，左掌向左伸，右掌向前伸。

第四十五式 双震脚

一 接上式。右脚继续下落，还未完全落地时，左脚踩地发力，身体向后跳，双掌向身体两侧打开至双臂伸直且与肩齐高。右脚先着地，双掌向身体两侧按压。左脚落在右脚后方，双手翻掌，经腹部前方托举至胸前，左脚支撑身体。

二 双手翻掌，向腹部前方下压。双手再翻掌并上托至胸前（右腕略高于肩部），提右膝，左腿蓄势蹬地，身体向上跳。接着左脚先落地，双掌在左脚落地时下翻，最后右脚向下落，双手向腹部前方按压，左掌位于右臂内侧。

第四十六式 蹬脚

一 接上式。双掌向下按压，双膝屈曲。

二 左腿支撑身体，右膝上提，双掌随之上抬至右腿上方。

三 右腿迅速伸直前踢并用脚跟击打。前踢的高度应超过腰部，右掌竖起前推，手腕与肩齐高，左掌架在头顶上方偏左的位置，左肘微屈。

第四十七式 玉女穿梭

一 右脚向前落下，脚跟先接触地面，身体重心向前转移，双手跟随下翻。

二 右脚踩地发力的同时，左脚向前摆，带动身体向上跳起并在空中向右转。然后左脚落地，双臂屈肘。

三 右脚落在左脚左后方，双膝微屈。接着左掌快速竖起左推，右臂屈肘并向右侧移动至右掌位于右肩前方，右手翻掌且掌心朝前。

第四十八式 顺莺肘

一

接上式。以左脚跟为轴，身体向右转180度，双脚踩实地面。身体重心位于右腿，双臂随之摆动。上身向左移，身体重心移至左腿，然后右臂向下划，左臂向上划，右脚先向上抬，后向前蹬出。

二

上身向右移，双臂在胸前位置交叠，左臂在上，右臂在下，左掌为竖掌且掌心向右，右手掌心向上。屈双膝，髋部下沉，重心偏左，双臂在胸前交叠，变掌为拳。上身迅速向右转，双臂屈曲，从两侧分别向后方顶肘。髋部下沉，变为马步姿势。

第四十九式 裹鞭炮

一

接上式。左拳向右胸前收，拳心朝内抵住右胸，右拳朝左下方打出。右拳向右上方摆至头顶上方，拳心朝外，左拳则向左膝前方打出。左脚蹬地，身体向右转90度，提右膝，左臂上举至耳侧，右臂下落至体侧。

二

右脚落于左脚前方，左腿屈曲。左拳从左上方开始向右下方摆，右拳则先朝下摆，再朝右上方摆。左脚向左迈步，重心位于右腿，右臂向右下方摆，右腕压在左腕上，双手拳心朝内。身体重心稍稍向左移，双腿呈马步姿势，双臂向两侧微屈打开，拳心朝上。

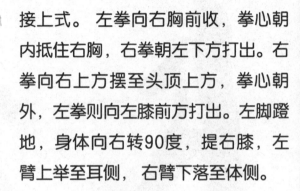

第五十式 雀地龙

一 接上式。上身向右转，左拳随之沿弧线形路线，向下、向右划。然后恢复马步姿势，左臂向右侧伸直，右臂收至胸前。

二 身体向左转，调整为左弓步姿势，左拳沿弧线形路线，向左上方划至左肩前上方，右拳姿势保持不变。左膝完全屈曲，身体向下坐，右拳经左臂内侧、大腿内侧向前方打出。

第五十一式 上步七星

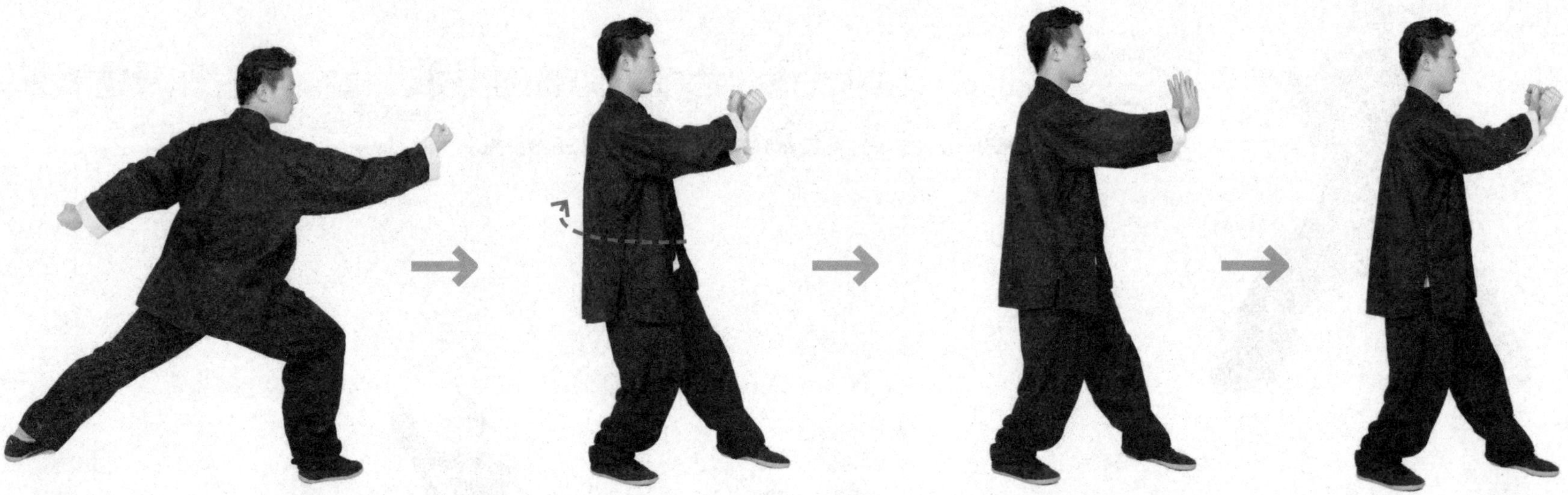

一 接上式。身体重心右移并前倾，呈右弓步姿势，右拳上举至与肩齐高，左拳下落至与腹部齐高。身体向右转90度，左脚向前迈，脚尖着地，左腿伸直，重心位于右脚，左拳前伸，右腕放在左腕上。

二 双拳一起向内侧、下方、前方绕圈，然后变为双掌，向外撑出。双掌再变为双拳，从胸前开始，一起向外侧、下方、内侧绕圈，最后拳心朝内。

第五十二式 退步跨虎

一 接上式。左脚向右脚内侧撤，脚尖着地，双拳变为掌，掌心朝外。上身不动，左脚向左后方迈步。

二 双膝屈曲，重心下降，身体向左转，双掌在身体两侧下压至双膝前上方，掌心朝下。双臂向两侧打开并上抬至与肩齐高，双手掌心均朝外。右脚向左脚靠拢，脚尖先着地；左掌则沿弧线形路线，向右上方划，然后在左胸前方立掌，左腕与肩齐高；右掌则沿弧线形路线，先向下、后向左划至左臂内侧，手指朝上。

第五十三式 转身摆莲

一 接上式。上身向右转，左掌向前上方推，右掌下按。左脚外旋，踩地，上身稍稍向左转，左臂上举并外旋，左腕朝左，右掌向身体右侧下压。

二 身体向左转90度，右膝上提至大腿约与地面平行，左掌朝外翻、朝上摆，右掌随之转动。身体继续向左转90度，右膝先向左上方提再缓慢下落，双臂随之转动。

三 右腿下落后前迈一步，脚跟着地，屈左膝。右脚踩实地面，整体调整为左弓步姿势，右掌向前、向上翻举，左掌下落至与左肩齐高。

四 上身向左转，双臂沿弧线形路线向左侧平摆，最终左掌位于肩部左前方，右掌位于胸部左前方，指尖均朝右。左脚收于右脚内侧，双腿稍稍屈曲，左脚尖点地，双掌向右侧收。重心全部移至右腿，下身呈右独立步。

五 左腿沿弧线形路线，朝右侧、上方、左侧划，当脚尖与胸部齐高时，用右手、左手先后击打左脚。下身恢复为右独立步，双臂向右摆。

第五十四式 当头炮

一 接上式。左脚向左迈一步，身体重心右移，上身稍稍向右转，双手右推且保持约与肩齐高。身体重心左移，双掌向下按压。

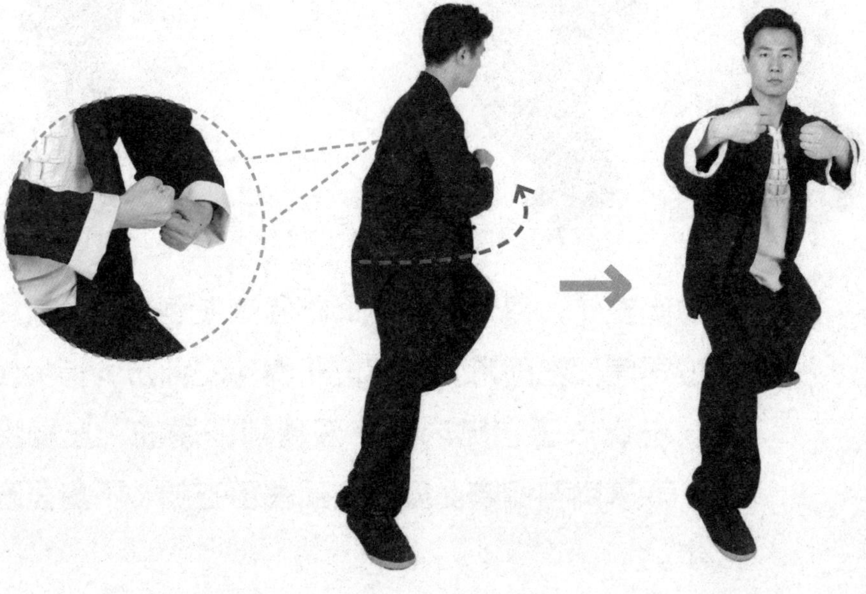

二 身体重心继续左移，身体稍稍向左转，双掌沿弧线形路线，向下、向左划，并最终由掌变拳。重心移至右腿，双腿下蹲，上身稍稍向右转，双拳朝右击出，拳心朝内。

第五十五式 左金刚捣碓

一 接上式。双拳变为掌，向外翻掌，指尖朝右上方。左腿屈膝下压。左脚踩地，上身向左转，双臂向左摆至身体右前方，继续朝身体左侧摆，同时上身向左转，而后双掌下压。右掌变横掌，右臂向身体右侧摆，左臂姿势不变。

二

身体向右转，左脚前迈，整体上调整为左虚步姿势。左掌外旋前撩，右掌向后收回且置于左前臂上。左掌变为拳，上举至高于下颌的位置，右掌则下落至腹部前方，提左膝。左拳向下朝右掌砸去，砸掌的同时左脚向下震，左脚与右脚保持20厘米的距离。双腿屈曲下蹲。

第五十六式 收势

一 接上式。左拳变掌，双腕轻靠，右掌在下，左掌在上。接着双掌前伸并上抬至与肩齐高。然后双臂内旋前伸，双掌向下翻且向两侧打开至与肩同宽。双腿直立，双掌朝两侧缓慢落下。

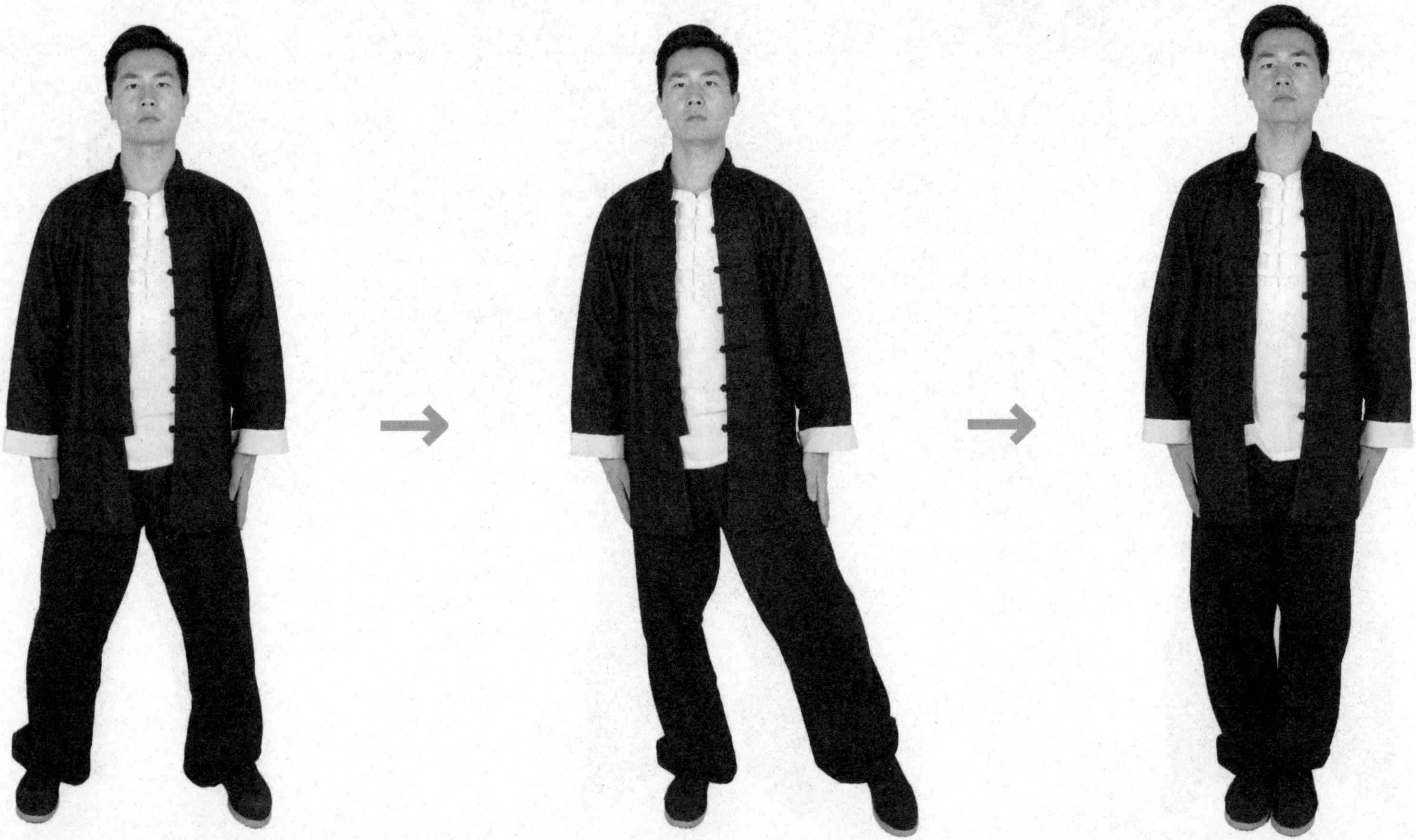

二 双臂自然放在身体两侧。左脚撤向右脚，站直，双眼向前看，恢复初始姿态。